Samuel Gerber

Wir Christen und das liebe Geld

Brunnen Verlag · Basel und Giessen

Bücher, die dieses Zeichen tragen, wollen die Botschaft von Jesus Christus in unserer Zeit glaubhaft bezeugen.

Das ABCteam-Programm umfaßt:

- ABCteam-Taschenbücher
- ABCteam-Paperbacks mit den Sonderreihen: Glauben und Denken (G + D) und Werkbücher (W)
- ABCteam-Jugendbücher (J)
- ABCteam-Geschenkbände

ABCteam-Bücher erscheinen in folgenden Verlagen:

Aussaat Verlag Wuppertal / R. Brockhaus Verlag Wuppertal
Brunnen Verlag Giessen / Bundes Verlag Witten
Christliches Verlagshaus Stuttgart / Oncken Verlag Wuppertal
Schriftenmissions-Verlag Gladbeck

ABCteam-Bücher kann jede Buchhandlung besorgen.

Umschlag: Klaus Harald Wever

Gesamtherstellung: Ebner Ulm

ISBN 3 7655 2210 4

Inhalt

Vorwort

Als Leiter einer Bibelschule hatte ich während vielen Jahren „Biblische Ethik" zu unterrichten. In diesen Stunden fiel uns immer wieder auf, wie leicht wir uns als Christen von althergebrachten Auffassungen oder beliebten Modeströmungen (ver-)leiten lassen. Wir bemühten uns indessen, nicht nur billige fromme Schlagworte, sondern tiefe geistliche Zusammenhänge zu erarbeiten. Die Ergebnisse waren dabei oft so bestürzend, daß wir unmöglich auf dem berühmten „goldenen Mittelweg" weiterleben konnten. Wir spürten, daß wir umstellen mußten auf „radikale Jüngerschaft".

Einer unserer stets wiederkehrenden Fragenkomplexe hieß: „Der Christ und das liebe Geld!" Bei der Beschäftigung mit diesem heiklen Thema wurde mir immer mehr bewußt, daß darüber nicht geschwiegen werden darf. Wenn Jesus selbst mehr über Geld und Besitz spricht als über Himmel und Hölle, dürfen wir dieses Lebensgebiet nicht zur „Privatsache" erklären! Aus diesem Grunde entschloß ich mich, über dieses wichtige Thema eine Reihe von Radiobotschaften zu verfassen, die im Laufe dieses Jahres von Radio Luxemburg ausgestrahlt wurden. Aus ihnen entstand dieses Buch.

Am Radio muß man sich kurz fassen und sich auf das Wesentliche beschränken. Man versucht, volkstümlich und persönlich zu sprechen. Manche mögen hierin die Schwäche, andere dagegen die Stärke dieses Buches sehen. Das Urteil bleibt dem Leser überlassen. Ich wollte in erster Linie erreichen, daß der Hörer bzw. der Leser sich aufrichtig prüft, ob Jesus in seinem Leben wirklich der Herr ist, auch in Geldangelegenheiten. Ich hoffe und bete, daß dies gelungen ist.

Samuel Gerber

1. Vom Geld muß man reden!

Vor einigen Jahren behandelte ich in meinen Radioansprachen über eine längere Zeit das Thema „Gemeindezucht". Ein Bekannter, der die erste Sendung gehört hatte, ließ mir ausrichten: „Da haben Sie aber ein heißes Eisen angefaßt. Hoffentlich verbrennen Sie sich dabei nicht die Finger." Nun, es lief damals beinahe allzu glimpflich ab. Ich hätte mir eigentlich gewünscht, es hätte ein paar Funken mehr gegeben.

Nun greife ich wieder nach solch einem heißen Eisen. Ich weiß nicht, wie das in anderen Ländern ist, aber von uns Schweizern sagt man etwa spöttisch: „Die Schweizer sind gemütliche, friedfertige Leute, aber wenn es ans Geld geht, dann hört der Spaß auf." Wenn das nur bei den Schweizern so ist, dann gibt es wahrscheinlich doch mehr als 6 Millionen „Schweizer" auf der Welt. Bei unzähligen Leuten, Christen und Nichtchristen, macht man die Erfahrung: Beim Geld hört die Gemütlichkeit auf.

Viele Christen betrachten ihr Geld als reine Privatangelegenheit. Sie lassen nicht einmal nächste Freunde und Angehörige in ihre Geldsachen Einblick nehmen. Auf jeden Fall würden sie es als unerhörte Frechheit empfinden, wenn man sie direkt fragen würde, wieviel Geld sie verdienen, wie sie ihr Jahreseinkommen verbrauchen oder wieviel Geld sie auf der Bank liegen haben. Das geht wirklich niemanden etwas an.

Wirklich? Mir kommt zuweilen der Verdacht, ob für solche Leute nicht auch das böse Wort gilt: Ihr Christsein geht genau bis zum Geldbeutel, aber es dringt niemals in den Geldbeutel hinein.

Manchmal liegt wohl der Fehler auch bei den christlichen Gemeinden und bei ihren Predigern. Manche meinen, es sei ungeistlich, über Geldfragen oder über irdische Besitztümer zu predigen. Einige Gemeinden vertreten die Ansicht: Vom schnöden Mammon reden, das ist weltlich. Bei ihnen spricht man nicht vom Geld, oder doch möglichst selten.

Jesus war da offenbar anderer Meinung. Er hat in seinen Reden öfter von Geld und irdischem Besitz gesprochen als von Himmel und Hölle. Mehr als die Hälfte seiner Gleichnisse nehmen irgendwie Bezug auf materielle Güter, auf ihren Erwerb, ihre Verwaltung und auf die Gefahren falschen Gebrauchs. Auch der Apostel Paulus schreibt in seinen Briefen an junge Gemeinden mehrmals längere Abschnitte über Geldfragen, und er hat offensichtlich neben seiner missionarischen Arbeit sehr viel Zeit auf die Sammlung und Verwaltung von Hilfsgeldern verwendet.

Jesus läßt keinen Zweifel offen, daß unser Verhältnis zu irdischem Besitz für uns eine Frage werden kann, wo es um Himmel oder Hölle geht. Für gutes Geld kann man sich zwar fast alles kaufen, doch nicht den Himmel! Die Hölle hingegen, die ist leicht zu haben. Reiche Leute haben es sehr schwer, in den Himmel zu kommen. Es braucht für sie ein doppeltes Wunder Gottes.

Jesus hatte mehrmals mit reichen Leuten zu tun, und er behandelte sie nicht alle gleich. Aber wenigstens einem von ihnen sagte er, wenn er selig werden wolle, müsse er seinen ganzen Reichtum an die Armen verschenken.

Ja, vom Geld, von materiellen Gütern, von irdischem Reichtum muß man reden, auch unter Christen, auch in der Bibelstunde und im Sonntagsgottesdienst, und zwar nicht nur, wenn es um die Kollekte geht. Wenn wir bekennen, Jesus Christus sei unser Herr, dann bedeutet dies, er sei Herr über alle Lebensgebiete, ohne Ausnahme, also auch über unser Geld.

Schon die erste Christengemeinde hat sich sofort nach ihrer Gründung intensiv mit Geldfragen auseinandergesetzt. Sie hat Lösungen gefunden, die man bis heute immer wieder als wirklichkeitsfremd belächelt und abgetan hat. Vielleicht haben wir gar nicht richtig begriffen, wie das damals in Jerusalem zuging.

Mir scheint, daß die christlichen Kirchen späterer Jahrhunderte nicht bessere, sondern schlechtere Wege gefunden haben, um mit Geld und Reichtum fertig zu werden.

Wenn es ums Geld geht, holen wir uns die Maßstäbe und die praktische Handlungsweise allzuleicht von der Welt, die nichts von Jesus Christus weiß. Wir haben das Neue Testament nicht genau genug gelesen. Wir haben, so scheint mir, noch nicht begriffen, wie umwälzend das neue Leben ist, das Jesus Christus bringt.

Als Bibelschullehrer muß ich mit meinen Schülern in Ethik fast jedes Jahr einige Stunden über das Thema „Christ und Geld" sprechen. Mit tiefem Erschrecken habe ich dabei festgestellt, daß in meinem Leben und im Leben der meisten Christen, die ich kenne, die Geldprobleme noch nicht völlig der Lehre Jesu entsprechend gelöst werden.

Unsere heutige Menschheit ist weitgehend gespalten in zwei riesige Blöcke. Auf der einen Seite stehen die Reichen, auf der anderen Seite die Armen. Der überwiegende Teil der Christen lebt im Lager der Reichen. Auch wenn wir weder große Geldsummen, noch Häuser, noch Grundstücke besitzen, haben wir doch fast alle genug, um unseren Hunger zu stillen, uns zu kleiden und für unsere Gesundheit zu sorgen. Müßte es uns nicht beunruhigen, wenn wir unseren Reichtum mit der schrecklichen Armut in der Dritten Welt vergleichen?

Müßte man nicht darüber nachdenken und unter Gläubigen beraten, ob unsere Art, mit Geld und Besitz umzugehen, vor Gott in Ordnung ist? Es ist gut, daß immer mehr Christen über diese Frage beunruhigt sind. Unsere Antworten dürfen nicht zu billig sein. Wir wollen nicht oberflächlich nachplappern, was Leute uns vorsagen, die dem Mammon dienen. Jesus Christus ist Herr unseres Lebens. Das bedeutet umdenken auf der ganzen Linie. Vielleicht heißt das auch in punkto Geld: Es muß so manches anders werden.

Auch in vielen christlichen Gemeinden und Missionswerken ist die Art, wie man Geldangelegenheiten löst, eher an weltlichen Geschäftsmethoden als an der Bibel orientiert. Oft zeigt sich, daß hinter süßen, frommen Reden eine ganz massive Geldliebe steckt. Einige Christen haben auch, so meinen sie jedenfalls, ihre Geldprobleme einmal grundsätzlich richtig gelöst, aber sie merken nicht, daß heute ihre Lage total verändert ist und daß man jetzt neue Wege suchen müßte. Es wäre deshalb nicht verwunderlich, wenn sie eines Tages nicht antworten könnten, wenn Gott sie fragt: „Woher hast du dein Geld? Weißt du nicht, daß es unrechtes Gut ist? Was hast du damit angestellt? Hast du auch wirklich genug eingesetzt für Gottes Sache? "

2. Gott ist Besitzer, wir sind Verwalter

Wenn's ums Geld geht, dann hört der Spaß bei den meisten Menschen auf, habe ich einleitend gesagt. Warum ist das so? Weil es beim Geld meistens um Ansprüche, um Besitzrechte geht. Was uns gehört, das lassen wir uns nicht ohne Widerspruch wegnehmen oder streitig machen. Besonders schwierig wird ein Besitzproblem immer dann, wenn mehrere Personen einen Anspruch an eine Sache anmelden. Da kommt es vor, daß zuletzt nicht diejenigen die Besitzer sind, die sich am schnellsten vordrängten und das lauteste Geschrei vollführten, sondern irgendein stiller Mann im Hintergrund, an den man zuletzt gedacht hätte.

Wem gehören denn eigentlich die Güter dieser Welt, um die wir uns streiten?

Der 24. Psalm beginnt mit den klaren Worten: „Die Erde ist des Herrn und was darinnen ist, der Erdboden und was darauf wohnt."

Dem Volk Israel läßt Gott durch seinen Knecht Mose mehrmals ausrichten: „Die ganze Erde ist mein" (2. Mose 19,5b). „Denn das Land ist mein, und ihr seid Fremdlinge und Gäste vor mir" (3. Mose 25,23 b).

Am Anfang schuf Gott Himmel und Erde. Er ging nach einem großartigen göttlichen Plan vor. Als letztes Geschöpf setzte er den Menschen als Krone der Schöpfung auf der Erde ein. Nach Gottes Absicht sollte die Erde für alle Menschen Raum und Nahrung genug bieten. Für alle sollte vollkommenes Glück, Wohlergehen und Lebenserfüllung erreichbar sein. Gott übergab seine Erde dem Menschen zur Verwaltung mit den Worten: „Seid fruchtbar und mehret euch und füllet die Erde und machet sie euch untertan und herrschet über die Fische im Meer und über die Vögel unter dem Himmel und über alles Getier, das auf Erden kriecht" (1. Mose 1,28). Mit diesem Auftrag fällt dem Menschen zwar königliche Würde, aber kein freies Verfügungsrecht zu. Gott bleibt der Eigentümer. Er gibt das uneingeschränkte Besitzrecht über die ganze Welt niemals aus den Händen.

Welch hohe Stellung dachte Gott dem Menschen zu, als er ihn zum Verwalter seiner herrlichen Schöpfung ernannte! Gott wollte, daß der Mensch wirklich diese Erde beherrsche, daß er die unerhörten Möglichkeiten der Schöpfung entdecke und entwickle, daß er die gewaltigen Kräfte der Welt zähme und die Erde zu einem angenehmen Wohnplatz der Menschheit mache.

Die Zukunft barg ungeahnte Möglichkeiten. Große Dinge sollten sich anbahnen. Der Mensch aber sollte in demütiger Abhängigkeit von Gott bleiben und sich stets bewußt sein, daß er seinem Schöpfer verantwortlich ist für die ihm anvertrauten Güter.

Wie herrlich hätte es auf unserer Erde werden können, wäre der Mensch dem göttlichen Auftrag treu geblieben und hätte er sich als würdiger Haushalter erwiesen.

Doch wir wissen, wie es kam: Die Menschen haben jämmerlich versagt. Anstatt sich als geschickte Verwalter der göttlichen Güter zu bewähren, haben sie sich von Anfang an hochmütig Rechte angemaßt, die ihnen von Gott niemals zugestanden worden waren. Was sie als treue Haushalter in Gottes Auftrag verwalten sollten, haben sie mit frecher Hand an sich gerissen, als ob es ihr Eigentum sei. Anstatt den rechtmäßigen Besitzer zu ehren und zu fürchten und ihm jederzeit seine Güter in bestmöglichem Zustand zur Verfügung zu halten, haben die Menschen gehandelt, als ob diese Welt ihnen gehörte. Es klingt nicht sehr schmeichelhaft, aber es muß trotzdem gesagt werden: Seit Adams Zeiten haben die Menschen sich auf Gottes Erdboden benommen wie eine freche Räuberbande.

Die Folgen der ungetreuen Verwaltung liegen offen vor unseren Augen. Gott konnte uns nicht noch größere Güter anvertrauen, vielmehr mußte er unsere Möglichkeiten einschränken. Nur wer sich in kleinen Dingen als treu erwiesen hat, kann von seinem Herrn wichtigere Aufgaben erwarten.

Trotz unserer Untreue überließ Gott uns noch ein weites Feld zur Haushalterschaft, doch überall dort, wo der Mensch seine Herrschaft eigenmächtig ausdehnte, konnten weder Glück noch Wohlergehen gedeihen. Armut, Unterdrückung, Unrecht, Streit und Zerstörung sind die Auswirkungen davon, daß wir nicht als treue Haushalter Gottes mit den reichen Gütern dieser Erde umgegangen sind.

Gott aber hat seinen ursprünglichen Plan niemals aufgegeben. Er hat den räuberischen, haßerfüllten Verwaltern, die den Garten Gottes für die eigenen Zwecke mißbrauchen wollten, seinen eigenen Sohn gesandt. In Jesus Christus ist der erste Mensch über diese Erde gegangen, der sich in allen Stücken als treuer Haushalter Gottes erwies. Er hat sich niemals ein Recht angemaßt, das ihm nicht zustand. Er hat sich kein Wort erlaubt, das nicht mit dem Willen des Vaters übereinstimmte. Am Kreuz von Golgatha hat er gar die Strafe für alle Feindschaft und allen Aufruhr der Menschen auf sich genommen.

Und seit den Tagen seines Erdenlebens hat er angefangen, Menschen in die ursprüngliche göttliche Bestimmung zurückzuführen. Es gibt nun Männer und Frauen, die die Worte Jesu als verbindliche Lehre annehmen. Sie erkennen, wie böse ihr eigenes Herz ist, und sie tun Buße für ihre Untreue gegen Gott. Ihre ganze Vergangenheit wird durch das stellvertretende Opfer Jesu ins reine gebracht. Sie sind nun Gottes Kinder, in ihnen wohnt derselbe Geist wie in Jesus Christus. Jesus nennt sie seine Brüder und Schwestern. Aus freier Entscheidung stehen sie nun bis in die kleinste Einzelheit unter der Herrschaft Gottes. Sie sind wieder an den Punkt zurückgebracht, wo Gott einmal den Anfang gemacht hatte. Als Kinder Gottes verwalten sie die anvertrauten Güter ihres Vaters.

Wie schön das alles klingt! Doch wie so ganz anders sieht die Wirklichkeit oft aus, auch unter Christen! Kein Wunder, daß Jesus seine Jünger einmal vorwurfsvoll fragte: „Was heißt ihr mich aber Herr, Herr, und tut nicht, was ich euch sage?" (Luk. 6,46).

Unser Herr spart keine Teilbezirke aus, über die er uns völliges Besitzrecht zugesteht. Zwar läßt er uns viel Freiheit, weil er uns als vernünftige, ihm ergebene Mitarbeiter achtet, doch erwartet er, daß wir seine Befehle kennen, sie richtig erfassen und in die Tat umsetzen.

Wenn ich beobachte, wie wir Christen mit unserem Geld und mit unserem sogenannten irdischen Besitz umgehen, dann wird mir recht ungemütlich. Wir haben anscheinend einige wichtige Lektionen unseres Meisters nicht richtig begriffen.

Doch, so soll und darf es nicht bleiben. Wir dürfen nicht vergessen, daß Jesus spricht: „Es werden nicht alle, die zu mir sagen: Herr, Herr, in das Himmelreich kommen, sondern die den Willen tun meines Vaters im Himmel" (Matth. 7,21).

3. Jubeljahr und Sabbatjahr bei den Israeliten

Die ganze Erde gehört Gott, so verkündigt die Bibel immer und immer wieder. „Mein ist das ganze Land", erklärt der heilige Gott.

Die Menschen aber haben sich von Gott abgewandt. Sie kennen ihn und seine heiligen Ordnungen nicht mehr. Sie schalten und walten, als gehörte die Erde ihnen.

Ganz anders aber verhält es sich mit den Menschen, die sich Gottes Volk nennen. Dies wird besonders deutlich in 3. Mose 25. Da befiehlt Gott dem Volk Israel: „Ihr sollt das 50. Jahr heiligen und sollt ein Freijahr ausrufen im Lande allen, die darin wohnen, denn es ist euer Halljahr. Da soll ein jeder bei euch wieder zu seiner Habe und zu seinem Geschlecht kommen. Denn das 50. Jahr ist euer Halljahr. Ihr sollt nicht säen, auch was von selber wächst nicht ernten, auch was ohne Arbeit wächst im Weinberge nicht lesen, denn das Halljahr soll unter euch heilig sein. Ihr aber sollt essen, was das Feld trägt. Das ist das Halljahr, da jedermann wieder zu dem Seinen kommen soll. Wenn du nun etwas deinem Nächsten verkaufst oder ihm etwas abkaufst, soll keiner seinen Bruder übervorteilen, sondern nach der Zahl der Jahre vom Halljahr an sollst du es von ihm kaufen, und was die Jahre hernach tragen mögen, so hoch soll er dir's verkaufen. Nach der Menge der Jahre sollst du den Kauf steigern und nach der Wenige der Jahre sollst du den Kauf verringern, denn er soll dir's, nachdem es tragen mag, verkaufen. So übervorteile nun keiner seinen Nächsten, sondern fürchte dich vor deinem Gott, denn ich bin der Herr, euer Gott. Darum sollt ihr das Land nicht verkaufen für immer. Denn das Land ist mein, und ihr seid

Fremdlinge und Gäste vor mir" (3. Mose 25,10-17.23).

Mit dieser Anordnung verlangt Gott, daß alle 50 Jahre alles Land an seinen ursprünglichen Besitzer zurückgegeben werden muß, und zwar ohne Entschädigung. Manche Familien mögen durch Krankheit, Naturkatastrophen, Todesfälle oder auch durch Mangel an Tüchtigkeit verarmt sein. Vielleicht blieb kein anderer Weg, als ein Stück des geerbten Grundbesitzes zu verkaufen. Aber Gott will nicht, daß die Reichen immer reicher und die Armen immer ärmer werden. Darum gibt Gott seinem Volk ein Gesetz, das den Landbesitz von Zeit zu Zeit ausgleicht.

Bei der Eroberung Kanaans hatte man das von Gott anvertraute Land möglichst gleichmäßig unter die Stämme und Familien aufgeteilt. Hätte man dem Spiel von Angebot und Nachfrage freien Raum gelassen, dann hätten bald die Tüchtigsten das meiste Land besessen, und einige Familien wären völlig verarmt. Aus diesem Grunde muß nach Gottes Gebot alle 50 Jahre das Land an seinen ursprünglichen Besitzer zurückgegeben werden. Damit ist zwar die Armut nicht beseitigt, doch der Arme erhält wenigstens wieder eine Möglichkeit, seine Lage durch Bearbeitung des eigenen Bodens zu verbessern.

Jeder Israelit wird durch dieses Gesetz vom Halljahr an die Tatsache erinnert, daß alles Land Gott gehört. Grund und Boden darf nicht für immer verkauft werden, denn „das Land ist mein, und ihr seid Fremdlinge und Gäste bei mir", sagt Gott (3. Mose 25,23b).

Wer in Israel mit Grund und Boden handelt, der erwirbt eigentlich nur ein Nutzrecht, nicht das Land selbst. Er darf eine bestimmte Anzahl von Ernten einholen. Der Kaufpreis für ein Landstück richtet sich niemals nach dem Handelswert von Grund und Boden, sondern höchstens nach der Anzahl der noch zu erwartenden Ernten bis zum nächsten Jubeljahr. Je mehr Jahre das noch sind, um so größer der Kaufpreis. „So übervorteile denn keiner seinen Bruder, sondern fürchte dich vor deinem Gott", sagt das Gesetz (3. Mose 25,17).

Das von Gott verordnete Jubeljahr schiebt der menschlichen Selbstsucht und Rücksichtslosigkeit einen Riegel vor. Gott ist Herr auch über die Landwirtschaft, über den Grundstückshandel und über die Verträge, die zwischen Menschen abgeschlossen werden. Wer zum Volk Gottes gehört, der untersteht den Anordnungen Gottes, und dieser Gott fordert, daß die Starken auf die Schwachen Rücksicht nehmen.

Wenn im Jubeljahr der erfolgreiche Bauer dem armen Schlucker sein Landstück zurückerstattet, dann gibt er damit nicht eine freiwillige, milde Gabe, sondern er handelt nach einer vorgeschriebenen Regel. Der arme Mann hat ein göttliches Recht, im Jubeljahr sein Erbe zurückzubekommen. Land zurückgeben ist nicht eine Sache des freien Beliebens oder der Wohltätigkeit, sondern ein Gehorsamsschritt, zu dem auch der Reiche verpflichtet ist.

Mit dem Jubeljahr erhält der Arme die Möglichkeit, sich selbst zu helfen und neuen Mut zu fassen, um den Kampf des Lebens zu bestehen.

Das Jubeljahr wird angekündigt durch das Blasen der Posaune am Tage der Versöhnung. Zuerst wird im Heiligtum mit Opferblut die Versöhnung des ganzen Volkes mit Gott vollzogen. Das ist die Vorbedingung für die Bereinigung aller Spannungen und Ungerechtigkeiten zwischen Brüdern. Auch der reiche Israelit braucht das Versöhnungsopfer, um mit Gott ins reine zu kommen. Als Versöhnter soll er nachher den armen Nachbarn von seiner drückenden Bürde befreien. Er soll die hebräischen Sklaven freilassen und alle Grundstücke dem ursprünglichen Besitzer zurückgeben.

Ein weiteres Gesetz dient der Hilfe für Arme und Benachteiligte. Es ist das Gesetz über das Sabbatjahr. Dieses schreibt vor, daß ein Feld alle sieben Jahre ein Ruhejahr haben soll, daß Sklaven befreit und Schulden erlassen werden müssen. Im Sabbatjahr soll der Bauer sein Feld brachliegen lassen, damit die Armen sich davon nähren können. Hebräische Sklaven mußten nach sechs Jahren freigelassen werden, und zwar mit einem angemessenen Lohn. Schulden werden unter

Angehörigen des israelitischen Volkes alle sieben Jahre für null und nichtig erklärt.

Leider wurden sowohl das Sabbatjahr wie das Jubeljahr nicht regelmäßig eingehalten. Die Armen konnten sich nicht wehren, und die harten, reichen Israeliten suchten mit allen Mitteln das Gesetz Gottes zu umgehen.

Doch Israels Ungehorsam löst das Gesetz Gottes nicht auf. Gott will für die Armen nicht nur Almosen, sondern Gerechtigkeit. Sicher kann es auch unter Brüdern gewisse Standesunterschiede geben, doch dürfen diese niemals dazu führen, daß manche reich und reicher werden, während andere verarmen. Denn letzten Endes gehört auch das Gut des erfolgreichen Händlers und Bauern Gott allein.

Die Bibel deutet sogar an, daß Israel in die babylonische Gefangenschaft gehen mußte, weil es das Sabbatjahr mißachtet hatte. Wir lesen in 3. Mose 26,34.35: „Alsdann wird das Land sich seine Sabbate gefallen lassen, solange es wüst liegt und ihr in der Feinde Land seid. Ja, dann wird das Land feiern und sich seine Sabbate gefallen lassen. Solange es wüst liegt, wird es feiern, darum daß es nicht feiern konnte, da ihr's solltet feiern lassen, da ihr darin wohntet." Wie sagt doch der Psalmsänger: „Die Rede des Herrn ist lauter wie durchläutert Silber, bewähret siebenmal" (Psalm 12,7).

4. Das Zehnten-Geben bei den Israeliten

„Die Erde ist des Herrn und alles, was darinnen ist", so ruft uns die Bibel zu. Durch die Anordnung des Halljahres und des Sabbatjahres wurden die Israeliten daran erinnert, daß Grund und Boden immer Gottes Eigentum bleiben. Es gab aber noch eine Reihe weiterer Gesetzesvorschriften, die dasselbe betonten. In 3. Mose 27,30 heißt es: „Alle Zehnten im Lande von Samen des Landes und von Früchten der Bäume sind des Herrn und sollen dem Herrn heilig sein." In 5. Mose 14,28.29 lesen wir: „Am Ende jedes dritten Jahres sollst du den ganzen Zehnten deines Ertrages von jenem Jahre herausgeben und an deinem Orte niederlegen; dann mag der Levit, der ja keinen Anteil und Erbbesitz neben dir hat, der Fremdling, die Waise und die Witwe, die an deinem Orte wohnen, kommen und sich satt essen, auf daß der Herr, dein Gott, dich bei aller Arbeit deiner Hände segne, die du tust."

Gottes Gesetz forderte von den Bauern, daß sie einen Teil der Ernte für die Armen übrigließen. Die Ecken der Getreidefelder, die Ähren, die beim Aufladen zu Boden fielen, die Trauben, die man aus Versehen fallen ließ, mußten den Armen überlassen bleiben.

Ohne dieses gütige Gottesgesetz wären viele Witwen und Waisen elend umgekommen. Die Moabitin Ruth war mit ihrer Schwiegermutter Naemi ohne Mittel nach Bethlehem zurückgekehrt. Auf Grund des Gesetzes hatte sie das Recht, auf die Felder zu gehen und Ähren zu sammeln. Die Körner, die sie abends nach Hause brachte, waren keine milde Gabe eines reichen Bauern, sondern eine kleine, rechtmäßig erworbene Ernte, die Gott den Armen des Landes sicherstellte.

Was fangen wir heutigen Menschen mit jenen alten Ordnungen des Volkes Israel an? Kann man so etwas wie ein Jubeljahr, ein Sabbatjahr oder einen Zehnten überhaupt noch praktisch durchführen? Hätten solche Gebote heute noch einen Sinn?

Israel war das Volk Gottes des Alten Testaments. Gott gab ihm seine Gesetze, um ihm zu zeigen, wie es in Frieden und Gerechtigkeit leben könnte. Die Gemeinde Jesu ist das neue Volk Gottes. Die Gemeinde steht sicher nicht mehr unter dem mosaischen Gesetz. Die Vorschriften über Opfer, Speisen und Hygiene sind für uns größtenteils nicht mehr anwendbar. Aber die Gesetze, die das Zusammenleben im Volke Gottes regeln und gerechte wirtschaftliche Beziehungen fördern, sind heute aktueller denn je.

Sollten wir etwa das Halljahr wieder neu beleben? Ist das überhaupt möglich? - Äußerst interessant ist, was Ronald Sider, ein bekannter Theologe, dazu schreibt: „Es dürfte kein schlechter Gedanke sein, das Jubeljahr wenigstens einmal auszuprobieren. Es dauerte etwas über 50 Jahre, bevor das Volk Gottes seinen Besitz gleichmäßig unter sich verteilt hatte. Wir könnten uns das Jahr 1980 wählen, um uns ein wenig Zeit für die Vorbereitungen zu lassen. 1980 würden die Christen in der ganzen Welt ihre Aktien, Wertpapiere und ihr Einkommen, das sie aus ihrem Besitz und Geschäft beziehen, in einen Topf werfen und es gleichmäßig verteilen. Die Welt wäre aus dem Häuschen. Zweifellos würde ein solches Handeln eine Menge Verwirrung stiften und Spaltungen hervorrufen. Aber gute Absichten sind selten leicht in die Tat umzusetzen. Sicherlich wären die evangelistischen Auswirkungen eines solchen Unternehmens ungeheuer. In einer Welt, die heillos in Reiche und Arme geteilt ist, würde eine solche sichtbare Demonstration unseres Einsseins in Christus Millionen davon überzeugen, daß Jesus vom Vater kam" (Joh. 17,25).

Der Vorschlag ist bestechend. Ich glaube aber nicht, daß sich ein solches Jubeljahr heute praktisch durchführen ließe. Unsere moderne Welt ist komplizierter, als die bäuerliche Gesellschaft Israels vor 3000 Jahren. Wenn die Bauern auf den riesigen Weizenfeldern Europas oder Amerikas die Ränder stehenließen, dann hätten die Hungernden der Dritten Welt noch immer keine Nahrung. Wir müßten schon bessere Verteilmethoden erfinden, Methoden, die unserer heutigen Technik angepaßt sind. So wie zur Zeit der alten Israeliten geht es sicher nicht mehr, aber wir müßten die Grundsätze, die im Halljahrgesetz niedergelegt sind, neu entdecken. Besonders in den Industrieländern, wo geldgierige Spekulanten und Wucherer ein Landstück nach dem andern an sich reißen und zerstören, gerade hier müßten die Jünger Jesu mutig protestieren und den Menschen in Erinnerung rufen: „Das ganze Land gehört dem Herrn allein. Man kann damit nicht machen, was einem beliebt. Man darf das kleine Landstück der Armen nicht wegnehmen und sie damit endgültig brotlos machen." In der Gesetzessammlung Israels steht auch der wichtige Satz: „Wenn du einem aus meinem Volk Geld leihst, einem Armen neben dir, so handle an ihm nicht wie ein Wucherer. Ihr sollt ihm keinen Zins auferlegen" (2. Mose 22,25). Dies ist nur ein Satz aus einem längeren Abschnitt mit strikten Anweisungen, daß weder Fremdlinge noch Witwen, noch Waisen, noch Arme bedrängt und ausgenützt werden dürfen.

Man weiß, daß damals im Nahen Osten die jährlichen Zinsen unglaublich hoch waren, oftmals über 25 Prozent. So war Darlehengeben ein leichtes, einträgliches Geschäft, und die armen Schuldner waren ihren Gläubigern oft wehrlos ausgeliefert. Nach Gottes Willen sollten aber Darlehen vielmehr eine gütige Hilfe an Menschen sein, die vorübergehend in Not geraten waren. Das Wohlergehen des Armen steht im Mittelpunkt des Gesetzes gegen die Zinsen. Gott will die Armen schützen und will verhindern, daß die Unterschiede zwischen arm und reich im Volke Gottes zu groß werden.

In der alten christlichen Kirche hat man diese Texte so ausgelegt, daß alle Zinsen auf Darlehen verboten wurden. Das hatte schlimme Auswirkungen. Weil die Kirche das Zinsnehmen verboten hatte, lud man sich Juden ein, die sich nicht an das Kirchengesetz halten mußten. Das führte zu schrecklichem Judenhaß. Die falsche gesetzliche Anwendung einer guten göttlichen Anordnung wirkte sich zum Nachteil der Armen aus.

In unseren Tagen ist man soweit gekommen, daß man glaubt, alles, was mit Wirtschaft, Geld und Geschäft zu tun hat, sei eine Welt für sich und habe nichts mit biblischen Prinzipien zu tun. Diese Einstellung ist für einen wahren Christen aber unmöglich. Gott hat es allzu deutlich ausgesprochen: Er ist Herr der ganzen Welt, auch Herr der Wirtschaft, des Geldes und der Banken.

In den uralten Gesetzen über das Halljahr, das Sabbatjahr, den Zehnten und die Zinsen liegen göttliche Wahrheiten, die für alle Zeiten gelten. Wo diese Wahrheiten in Vergessenheit geraten, da sieht es schlimm aus im Volk.

Wo aber können wir Christen anfangen, Gottes Absichten zu verwirklichen? Wenn wir verstanden haben, daß Gott auch unter seinem Volk Gerechtigkeit fordert und daß ihm die schreienden Ungleichheiten ein Greuel sind, dann werden wir Wege suchen und finden, um wenigstens die Armut unter den Gläubigen und in unserer nächsten Umgebung zu beseitigen. Dann werden wir den zum Himmel schreienden Ungerechtigkeiten unserer Zeit nicht länger tatenlos zusehen können, sondern unser Teil zur Lösung dieser Probleme beitragen. Dazu sind wir als Christen aufgerufen, wenn wir Jesu Worte über die Einheit seines Leibes und die Verantwortung gegenüber dem bedürftigen Nächsten ernst nehmen.

5. Jesu Umgang mit irdischem Besitz

Jesus Christus ist unser Erlöser und Herr. Ihm möchten wir wohlgefallen. Es ist unser tiefes Verlangen, ihm ähnlich zu werden. Wir sind noch weit davon entfernt, doch wir möchten von ihm lernen. Mit Ehrfurcht und Eifer studieren wir das Neue Testament und fragen uns: Wie hat er gelebt und gelehrt? Welche Grundhaltung nahm er ein, nicht nur gegenüber den großen Fragen des Reiches Gottes, sondern auch gegenüber alltäglichen Dingen? Wie verhielt er sich zum Beispiel gegenüber Geld und persönlichem Besitz?

Als der Sohn Gottes Mensch wurde, vertauschte er himmlischen Reichtum mit irdischer Armut. Auch wenn er im vornehmsten Palast geboren wäre, so hätte dies immer noch einen krassen Unterschied bedeutet gegenüber seiner vorherigen hohen Stellung.

Aber Jesus kam als Armer zu den Armen. Seine Eltern waren einfache Handwerker vom Land. Sein erster Wohnraum war ein Stall, seine erste Wiege eine Krippe.

Wahrscheinlich hat Jesus jahrelang als Bauhandwerker hart gearbeitet. Nach unserem Begriff bedeutet der Ausdruck „teknon" soviel wie Maurer, Zimmermann, Wagner und Tischler in einem. Er gehörte damit zwar nicht gerade zu der untersten Schicht der Sklaven und Tagelöhner, aber er war ein Mann aus dem einfachen Volk und mußte als solcher, wie die meisten Menschen damals, mühsam um das tägliche Brot ringen.

Vom 30. Altersjahr an zog er durch Galiläa, Samaria und Judäa, um die Frohe Botschaft vom Reich Gottes zu verkündigen. Die Männer, die er in seinen Jüngerkreis berief, waren wohl alle ungefähr aus derselben Bevölkerungsschicht wie er. Jakobus, Johannes und Petrus scheinen einen etwas größeren Fischereibetrieb gehabt zu haben, denn sie beschäftigten sogar einige Gesellen. Jesus lebte nun als armer Wanderprediger von mildtätigen Gaben, die ihm und seinen Jüngern hie und da zugesteckt wurden. Einen begeisterten Zuhörer, der sich ihm gleich anschließen wollte, warnte er: „Die Füchse haben Gruben, und die Vögel unter dem Himmel haben Nester; aber des Menschen Sohn hat nichts, da er sein Haupt hinlege" (Matth. 8,20).

Jesus ertrug offensichtlich seine Armut ohne Seufzen, denn er hatte sich freiwillig arm gemacht, um uns reich zu machen. Seine Erniedrigung und Entblößung geschah bewußt und freiwillig.

Denen, die ihm nachfolgten, erklärte er: „Wer nicht absagt allem, was er hat, kann nicht mein Jünger sein"(Luk. 14,33). Als er die Zwölf auf die erste Missionsreise schickte, durften sie weder Gold noch Silber mitnehmen, auch keine Tasche, keine Schuhe und keinen Stecken, nur einen Rock.

Bei aller Armut war Jesus aber offensichtlich kein trübsinniger weltfremder Grübler. Er nahm gerne Einladungen zu Hochzeiten und zu anderen fröhlichen Mahlzeiten an. Bei einer Hochzeit half er sogar den Gastgebern aus der Verlegenheit, indem er Wasser in Wein verwandelte. Er ließ sich auch an die fröhlichen Gelage der Zöllner, Sünder und Dirnen einladen, und anscheinend fühlte er sich unter ihnen so wohl, daß man sich an ihm ärgerte. Die frommen Juden spotteten: „Seht, welch ein Fresser und Weinsäufer. Er ist ein Kumpan der Zöllner und Sünder" (Matth. 11,19). Er nahm aber auch Einladungen an in die Häuser der Vornehmen und der strengen Pharisäer.

Er verlangte von seinen Jüngern nicht, daß sie sich sofort von ihrem ganzen Besitz trennten. So lesen wir, daß er recht häufig in Kapernaum im Haus seines Jüngers Petrus einkehrte. Er schien es zu schätzen, daß er bei Petrus eine Absteige hatte. Auch in Bethanien, bei seinen Freunden Lazarus,

Maria und Martha kehrte er sehr gerne ein (Joh. 11,5).

Wir lesen auch, daß einige wohlhabende, vornehme Frauen, die zu seinem Freundeskreis zählten, ihn und seine Jünger längere Zeit begleiteten und die ganze Schar von ihrem eigenen Vermögen versorgten. Im Kreis der Jünger bestand zudem eine Kasse, die durch die Spenden aus der Volksmenge gespeist wurde, und Judas Ischarioth war zum Kassenführer bestimmt worden.

Die Art, wie Jesus jede Mahlzeit mit frohem Dankgebet eröffnete, war den Jüngern so eindrücklich, daß sie ihn später sogar an diesem einzigartigen Gebet erkannten.

Überhaupt scheint im Jüngerkreis die meiste Zeit eine so freudig erwartungsvolle Stimmung geherrscht zu haben, daß man gar nicht auf den Gedanken kam, man müßte von Zeit zu Zeit fasten, wie das bei den frommen Leuten damals üblich war. Jesus mußte seine Jünger deswegen sogar in Schutz nehmen (Matth. 9,14).

Welch ein wohltuendes, anziehendes Bild bietet uns Jesus in seiner natürlichen, freien Art, mit irdischen Dingen umzugehen! Er war ganz Mensch, ganz vom Vater abhängiges Kind und zugleich Herr über die Dinge dieser Welt. So konnte ihn auch der Teufel mit der Verlockung, aus Steinen Brot zu machen, nicht überlisten. Jesus stand auch bei großem Hunger über dem leiblichen Verlangen nach Essen und Trinken.

Wie soll man das verstehen? Was ist das Geheimnis seiner Unabhängigkeit von Geld und irdischen Gütern? Jesus ist ganz ausgerichtet auf das kommende Reich Gottes. Er weiß, daß dieses Reich nun anfängt. Damit tritt alles andere in den Hintergrund. Jesus braucht die Güter dieser Welt, wie sie ihm vom Vater dargeboten werden. Aber er ist niemals an sie gebunden, und er nimmt sie aus keiner anderen Hand entgegen.

Darum warnt er auch seine Jünger so eindringlich: „Ihr könnt nicht Gott dienen und dem Mammon. Sorgt nicht für euer Leben, was ihr essen oder trinken sollt. Trachtet zuerst nach dem Reich Gottes. Alles andere kommt nachher" (Matth. 6,24.33).

Von Jesus möchten wir lernen. Seine ganz auf Gott und auf das Reich Gottes ausgerichtete Lebensweise soll uns alleiniges Vorbild sein. Auch in unserer so ganz anderen, modernen Welt können wir etwas von der Denkweise und Lebensart Jesu übernehmen. Leider sind wir gerade in Bezug auf Geld und irdischen Besitz noch weit von unserem großen Vorbild entfernt.

Wir dürfen, wie er, frohen Herzens die guten Gaben unseres himmlischen Vaters genießen. Die Sorge ums tägliche Brot soll uns nicht quälen. Ein treuer Vater sorgt für uns. Auf keinen Fall dürfen wir um des Mammons willen Kompromisse eingehen und fremde Götter anbeten. Wir müssen bereit sein, allen irdischen Sicherheiten abzusagen, um mit Jesus zu gehen. Er hat uns nicht irdischen Reichtum versprochen. Er war arm und gering, und seine Jünger sollten sich, wie er, darin üben, in fröhlicher Armut zu leben. Und wenn wir mit Jesus zu einem Fest geladen sind, dürfen wir uns mit ihm der reichen Gaben des Vaters freuen. Dabei halten wir fest an seiner Reihenfolge: Das Reich Gottes immer an erster Stelle!

6. Der reiche Kornbauer

In einem seiner Gleichnisse richtet Jesus eine sehr ernste Warnung an uns. Er sagt: „Nehmt euch in acht und hütet euch vor aller Habsucht, denn der Besitz gibt kein Leben, auch dem nicht, der an allem Überfluß hat.

Ein reicher Mann hatte eben eine gute Ernte eingebracht. Nun überlegte er: ›Was soll ich tun? Ich habe nicht genug Lagerraum für meine Frucht. Ich weiß, was ich tue: Ich reiße alle meine Scheunen ab und baue größere, und in diese sammle ich meinen ganzen Weizen und alle meine Güter. Dann sage ich zu mir selbst: Nun, liebe Seele, hast du einen Vorrat für viele Jahre. Laß dir's wohl sein, iß, trink und sei fröhlich.‹ Aber Gott sprach zu ihm: ›Du Narr, in dieser Nacht wird man deine Seele von dir fordern. Wem wird dann dein Vorrat gehören?‹

So endet, wer Schätze aufhäuft und in Wirklichkeit arm bleibt, weil er den Reichtum nicht sucht, den Gott geben will" (Luk. 12,15-21).

Dieser Kornbauer muß ein kluger Mann gewesen sein. Eine Rekordernte ergibt sich ja nicht von selbst. Da muß man schon fleißig bei der Arbeit sein. Man muß die Geheimnisse des Getreideanbaus kennen. Man muß wissen, wie man einen Großbetrieb organisiert, so daß jeder Arbeiter an seinem Platz das Beste leisten kann und jede notwendige Verrichtung rechtzeitig an die Reihe kommt. Der reiche Kornbauer hat Köpfchen, das muß man ihm wohl lassen.

Wie kommt denn die Bibel dazu, ihn plötzlich einen Narren zu schelten? Das scharfe Urteil stammt nicht von irgendeinem oberflächlichen Schwätzer, sondern vom lebendigen Gott selbst. Und auf dieses eine Urteil kommt es letztlich an. Was nützt es denn, wenn alle Leute uns loben? Was hilft es, wenn unser Name groß in der Zeitung steht, wenn wir vielleicht sogar triumphierend am Fernsehen erscheinen? Was nützt es, wenn alle Freunde Beifall spenden: Du bist prima! Das hast du gut gemacht! An dir kann man sich ein Beispiel nehmen. Deine Erfolge beweisen, daß du Recht hattest. Die Werke, die du zurückläßt, die Häuser, die du gebaut hast, sind Denkmäler deiner Tüchtigkeit.

Was hilft das alles, wenn nachher Gott sein Urteil spricht? Was zählen all die Ruhmreden der Menschen, wenn Gottes Urteil sich in vier Buchstaben zusammenfassen läßt: Narr! Gott bewertet seine Menschen weder böswillig noch oberflächlich. Gottes Urteil trifft genau die Wahrheit. Gott urteilt auch niemals voreilig. Er läßt dem Menschen viel Zeit. Das Urteil Gottes über den reichen Kornbauer ergeht in der letzten Nacht seines Lebens. Ein langer, für menschliche Augen erfolgreicher Lebenslauf kommt zum Abschluß. Man kann das Ganze überblicken, man kann es zusammenfassen in jener schrecklichen Feststellung: Du bist ein Narr.

Kluge Narren gibt es zu Millionen. Im Geschäft kann man ihnen nichts vormachen. Sie beherrschen ihr Fachgebiet durch und durch. Mit Kennerblick erfassen sie sofort kleine Unterschiede in Qualität oder in ausgehandelten Bedingungen. Ihre Buchhaltung stimmt auf Heller und Pfennig. Sie rechnen schnell und absolut sicher. Selten sind ihnen schwerwiegende Fehler unterlaufen. Wenn es ums Geschäft geht, haben sie einen erstaunlich weiten Horizont. Sie können über Jahre im voraus planen und die richtigen Vorbereitungen treffen.

So klug sind sie auf der einen Seite und zugleich so dumm, daß sie noch nicht einmal den Unterschied kennen zwischen ihrer Seele und ihrem Magen. Der reiche Kornbauer schaut seine vollen Speicher an, und dann sagt er zu seiner Seele: „Liebe Seele, du hast einen Vorrat auf viele Jahre." Was haben denn die vollen Kornspeicher mit der Seele zu tun? Volle Speicher bieten Vorrat für den Magen, aber nicht für die Seele. Menschen können in prunkvollen Palästen wohnen und an fürstlich gedeckten Tischen essen, aber die Seele ist am Verhungern, sie friert vor Kälte. Es ist schrecklich dumm, wenn einer für den Magen sorgt und dabei meint, er hätte auch an seine Seele gedacht. Es ist ein unverzeihliches Narrenspiel zu meinen, man könne mit irdischen Reichtümern den Hunger der Seele stillen.

Der Kornbauer begeht aber noch einen weiteren Fehler. Er meint, er könne seine Seele beruhigen mit einem „Vorrat auf viele Jahre". Wenn's um den Magen ginge, wären all die Kornspeicher mehr als genug. Doch der Magen des reichen Kornbauern wird nicht einmal mehr ein Frühstück benötigen. Er braucht den Vorrat auf viele Jahre gar nicht. Aber die Seele, das ist etwas ganz anderes. Die Seele braucht mehr als nur einen Vorrat für einige Jahre. Die Seele des Menschen ist von Gott für die Ewigkeit bestimmt. Tief im Innern des Menschen lebt der Wunsch nach ewigem Leben. Wenn der Mensch ehrlich und klug genug wäre, dann könnte er seine Seele nicht so billig abspeisen: „Sei fröhlich und guten Mutes, du hast Vorrat auf viele Jahre."

Unsere Seele braucht einen Reichtum, der sich nicht in Kornspeichern aufbewahren läßt. Unsere Seele braucht eine Heimat in einer anderen Welt. Wie sagt der große Augustin: „Unser Herz bleibt unruhig in uns, bis es ruht in Gott." Erst wenn unser Leben eingebettet ist für Zeit und Ewigkeit in der starken, ewigen Hand Gottes, erst dann kommt das Herz zur Ruhe.

Der reiche Kornbauer, der ein so ausgezeichneter Rechner ist, begreift nicht, daß ein paar Jahre für den Magen bereits zuviel, für die Seele aber viel zu wenig sind. Doch ist er kein Einzelfall. Es ist ein Jammer, daß Millionen von Menschen genau die gleichen Fehler begehen wie der Kornbauer. Sonst sind sie doch so vernünftig und tüchtig, doch wenn es um die ewigen Wahrheiten geht, dann schalten sie den Verstand aus, dann begehen sie Torheit über Torheit.

Bevor Jesus diese Geschichte erzählte, hatte er gerade ein schmerzliches Erlebnis gemacht. Er hatte den Menschen die herrlichen Wahrheiten des Reiches Gottes klarzumachen versucht. Darauf kam einer mit der Bitte: „Sage doch meinem Bruder, daß er das Erbe mit mir teile!" (Luk. 12,13). Begreifen wir, daß Jesus da zornig wurde? Wie unvernünftig sind wir Menschen doch! Wir lassen uns von den Sorgen dieser Welt so sehr gefangennehmen, daß uns die Habsucht und die Freude am irdischen Besitz gar den Verstand rauben! O daß Jesu ernste Warnung uns unvergeßlich bliebe! Wollen wir uns nicht losreißen vom falschen Sicherheitswahn? Die Güter dieser Erde werden uns sehr bald aus den Händen gerissen. Unsere Seele tritt dann die große Reise an. Wie würden *wir* dastehen, wenn Gott in dieser Nacht unser Leben zurückfordern sollte?

7. Der Reiche und der arme Lazarus

Die Reichen gehen in die Hölle, die Armen in den Himmel. Alle Reichen sind schlecht, alle Armen sind gut. Gott liebt die Armen, aber die Reichen haßt er. Wer hier auf Erden viel leiden mußte, der wird nachher im Himmel getröstet, wer aber auf Erden ein leichtes Leben hatte, der muß nachher Höllenqualen erleiden.

Stimmen all diese kategorischen Behauptungen? Werden die Menschen, nachdem sie gestorben sind, wirklich in zwei Kategorien eingeteilt, je nachdem, ob sie viel oder wenig Geld besessen haben? Man könnte es beinahe meinen, wenn man jene rätselhafte Geschichte liest, die in Lukas 16,19-31 aufgeschrieben ist. Sie stammt aus dem Munde Jesu, und Jesus, das wissen wir, hat keine falschen Behauptungen aufgestellt. Es ist unbedingt notwendig, daß wir verstehen, was er uns mit diesem Gleichnis sagen will.

Der reiche Mann ist in der Hölle gelandet, das ist schrecklich. Wir sollten uns hüten, die Hölle zu verharmlosen. Jesus sagt mit großem Ernst, daß es aus diesem Ort der Qual kein Entrinnen gibt und daß man von der Hölle aus weder am eigenen Schicksal noch an dem seiner Angehörigen etwas zu ändern vermag.

Doch am Reichtum allein kann es unmöglich liegen, wenn der Mann in der Hölle gelandet ist. Reich sein ist zwar eine große Gefahr, und wer reich ist, hat es doppelt schwer, in den Himmel zu kommen, das sagt Jesus selbst. Aber in unserer Geschichte wird berichtet, daß zum Beispiel Abraham, zu Lebzeiten ein sehr reicher Mann, sich nicht in der Hölle, sondern am Ort der Seligen befindet. Auch Isaak und Jakob und der fromme Dulder Hiob, lauter reiche Leute, sind bestimmt nicht in der Hölle zu suchen. Was war denn verkehrt mit jenem reichen Mann?

Vielleicht hilft es uns, wenn wir den Schluß seiner Geschichte lesen. Der reiche Mann in der Hölle führt ein Gespräch mit Abraham. Er sagt: „So bitte ich dich denn, Vater Abraham, daß du Lazarus in das Haus meines Vaters sendest, denn ich habe fünf Brüder, auf daß er ihnen sichere Kunde bringe, damit sie nicht auch an diesen Ort der Qual kommen." Abraham aber sprach: „Sie haben Mose und die Propheten, sie sollen auf die hören." Der jedoch sprach: „Nein, Vater Abraham, sondern wenn einer von den Toten zu ihnen geht, werden sie Buße tun." Da sprach er zu ihm: „Wenn sie auf Mose und die Propheten nicht hören, werden sie sich auch nicht gewinnen lassen, wenn einer von den Toten auferstehτ" (Luk. 16,27-31).

Ich meine, hier haben wir den Schlüssel zu der ganzen Geschichte. Die fünf Brüder des reichen Mannes haben - das wird nicht bestritten - Mose und die Propheten, d.h., sie haben das ganze Alte Testament. Sie könnten genau Bescheid wissen, doch sie achten nicht darauf, und so ist zu befürchten, daß sie an denselben Ort der Qual kommen werden wie ihr älterer Bruder.

Der reiche Mann hat vielleicht ein moralisch sauberes Leben geführt. Möglicherweise hat er schwer gearbeitet, um zu seinem Geld zu kommen. Dabei ist er wahrscheinlich hart und selbstsicher geworden. Dies ist leider oft der Fall bei Menschen, die viel Geld zusammenraffen. Ohne Härte geht das kaum.

Die allerschlimmste Verhärtung aber ist jene, die uns unfähig macht, auf Mose und die Propheten zu hören. Der reiche Mann hatte das Alte Testament. Er hätte wenigstens einmal pro Woche in der Synagoge hören können, was Gottes Wille ist. Wären seine Ohren nicht durch Reichtum taub geworden, er hätte im Alten Testament die Stimme Gottes vernommen. Gott hätte ihm klargemacht, daß all seine Reichtümer eigentlich Gott gehören und daß er damit nicht tun und lassen kann, was ihm beliebt. Er hätte erfahren, daß er als Verwalter Gottes einmal Rechenschaft ablegen muß und daß gerade von ihm, weil ihm so viel anvertraut worden ist, desto mehr gefordert wird.

Hätte der reiche Mann auf das geachtet, was Mose und die Propheten lehren, ihm wäre die Lust vergangen, sich in Purpur und köstliche Leinwand zu kleiden und alle Tage herrlich und in Freuden zu leben.

Hätte er ins Alte Testament hineingehört, wäre ihm vielleicht bei seinen Reichtümern unheimlich zumute geworden. Es gibt nämlich nur wenige Reichtümer, die ohne Schweiß und Blut der Armen aufgehäuft werden.

Als zum Beispiel dem Oberzöllner Zachäus klar wurde, wieviel Unrecht und Betrug mit seinen Schätzen verknüpft waren, entschloß er sich, alles doppelt zurückzuerstatten, was er nicht auf ehrliche Weise erworben hatte. Und hätte der reiche Mann beachtet, was Mose und die Propheten sagen, der arme Lazarus hätte schon längst nicht mehr vor der Tür des Palastes zu hungern und zu frieren brauchen. Der reiche Mann hätte ihn hereingeholt. Er hätte ihm seine Wunden gepflegt. Er hätte ihm seine zerlumpten Kleider ausgezogen und ihm eines seiner Purpurgewänder umgelegt. Er hätte ihn an seine festliche Tafel gesetzt und all die herrlichen Speisen mit ihm geteilt.

Wir wollen uns hier nicht eingehend mit Lazarus beschäftigen. Er hätte wahrscheinlich seine eigene lehrreiche Geschichte. Ich glaube nicht, daß er allein um seiner Armut willen in den Himmel gekommen ist, sondern vielmehr, weil er ohne Bitterkeit auf Gottes Hilfe gewartet hat. Das sollte man vielleicht denjenigen entgegenhalten, die heute meinen, die armen Lazarusse sollten endlich aufstehen, in den Saal der reichen Männer hineinstürmen, diese allzu lange Reichgewesenen von den Tischen vertreiben und sich mit Gewalt an deren Stelle setzen.

Doch wenden wir uns noch einmal dem reichen Mann zu.

Sein Schicksal beunruhigt mich. Was hat er denn Böses getan? Womit hat er die schreckliche Strafe verdient? Er hat ganz einfach *nichts* getan, als seinen Reichtum genossen. Er hat *nicht* auf Mose und die Propheten gehört. Er hat Lazarus *nicht* beachtet, hat ihn *nicht* versorgt. Er hat *nicht* daran gedacht, daß Gott über ihm steht und Rechenschaft von ihm fordert. Er hat *nicht*, das ist sein Vergehen!

In der Hölle wird ihm nun bewußt, in welcher Gefahr seine fünf Brüder schweben. Auch sie haben das Alte Testament, es wird ihnen verkündigt, doch sie achten nicht darauf. Müßte man nicht einen Geist aus dem Totenreich zu ihnen schicken, um sie zu warnen?

Nein, das hat keinen Sinn. Mose und die Propheten, das genügt. Die Botschaft der geisterfüllten Männer des Alten Testaments, die ist so gewaltig, so messerscharf und so einleuchtend! Wem das nicht genügt, dem ist nicht zu helfen. Das behaupte nicht ich, sondern das hat Jesus gesagt.

8. Das Nadelöhr

Ein Kamel soll durch ein Nadelöhr schlüpfen? Das ist ja völlig unsinnig. Das braucht man gar nicht erst zu versuchen. Jeder weiß im voraus, daß das unmöglich ist. Und nun behauptet Jesus, es sei leichter, ein Kamel durch ein Nadelöhr schlüpfen zu lassen, als daß ein Reicher die Tür zum Himmelreich finde. Begreiflich, daß die Zuhörer fragen: Wer kann denn überhaupt das ewige Leben erlangen? Wieder einmal mildert Jesus seine scharfen Worte in keiner Weise. Es ist eben genau so, wie er sagt. Bei den Menschen ist es ganz unmöglich, aber bei Gott ist kein Ding unmöglich (Matth. 19,26).

Die Behauptung Jesu darf von uns also nicht abgeschwächt werden. Die Reichen haben es sehr schwer, den Weg ins Reich Gottes zu finden. Wenn Gott nicht ein doppeltes und dreifaches Wunder tut, dann bleibt es unmöglich.

Als Jesus jene schwerwiegenden Sätze sprach, war eben ein flotter junger Mann von ihm weggegangen. Jesus hätte ihn so gerne behalten und zu seinem Nachfolger gemacht, doch der junge Mann wollte die eine Bedingung nicht erfüllen: Er hätte all seine Güter verkaufen und das Geld den Armen geben müssen. Das war für ihn zu schwer.

Wenn ein Mensch reich geworden ist, besteht für ihn die riesige Gefahr, die Tür zum Himmel zu verpassen. In jedem irdischen Reichtum steckt eine ganze Reihe von Fallstricken.

Eine erste Gefahr besteht schon bei der Aneignung des Reichtums. Die Güter dieser Erde sind nicht in solchem Überfluß vorhanden, daß alle Leute reich sein können. Wer Reichtum für sich anhäuft, kommt wahrscheinlich nicht drum herum, etwas von dem an sich zu reißen, was eigentlich anderen Menschen gehören würde. Es gibt wenig große Reichtümer, deren Ansammlung ohne Unrecht möglich war.

Und wenn wir unseren Reichtum vor Augen haben, dann besteht große Gefahr zu vergessen, daß all diese Schätze gar nicht uns gehören. In Wirklichkeit gibt es gar keine reichen Menschen, denn alle Reichtümer gehören letzten Endes Gott. Auch der reichste Mann ist nur Verwalter von Gottes Eigentum. Der rechtmäßige Eigentümer aber hat jederzeit das Recht, sein Gut zurückzufordern. Weil wir Menschen dies so leicht vergessen, gibt es sehr oft ein Zusammenzucken, wenn der wahre Besitzer uns sein Gut aus den Händen nimmt. Im Grunde haben wir zwar nichts anderes erwartet; aber ob wir auch bereit sind dazu, ist eine andere Frage!

Wir würden uns wohl kaum wundern, wenn Gott plötzlich feststellte, daß die Schätze nicht gleichmäßig genug verteilt sind und daß wir deshalb daran gehen sollten, von unserem Überfluß an solche weiterzureichen, die weniger haben.

Eine weitere Gefahr des Reichtums ist die starke Bindung, die zwischen dem Menschen und seinem Besitz entsteht. Je länger man seine Schätze ansieht, desto mehr gefallen sie einem. Es vermittelt ein stolzes, befriedigendes Gefühl, soundso viele wertvolle Dinge aufzählen zu können und zu behaupten: Dies alles gehört mir. Das ist mein. Aber ehe wir es uns bewußt werden, sind die Rollen vertauscht: Nicht wir besitzen den Reichtum, sondern der Reichtum besitzt uns.

Das war wohl auch bei jenem jungen Mann der Fall, der traurig von Jesus wegging, weil er viele Güter hatte. Er hatte zwar behauptet, er habe das ganze Gesetz Gottes gehalten von Jugend auf. Jetzt wurde aber deutlich, daß er das erste und höchste Gebot verletzt hatte. Er hatte neben dem lebendigen Gott einen Abgott aufgerichtet. Sein Reichtum war ihm zum Götzen geworden.

Wir müßten nicht natürliche Menschen sein, wenn uns diese Gefahr nicht ständig bedrohte. Zuerst kämpfen und arbeiten wir hart, um etwas zu besitzen. Dann fangen wir an, die Annehmlichkeiten, den Wert unserer Besitztümer zu schätzen. Und bald einmal sind wir, auch wenn wir es noch nicht zugeben, verliebt in sie. Der Bauer liebt seinen schönen

Bauernhof oder seine stolze Herde. Der Geschäftsmann liebt seinen Betrieb. Ja sogar Banknoten und Goldmünzen kann man liebend umklammern!

Mit der Liebe wächst auch das Vertrauen zum ach so flüchtigen Besitz. Selbst derjenige, der nicht viel Geld hat, erfährt es alle Tage, wie nützlich es ist, wenn man gut bei Kasse ist. Wer reich ist, kann froh in die Zukunft schauen. Wer Geld hat, dem öffnen sich die Türen. Wer zahlen kann, kann auch befehlen. Wer das nötige Geld hat, braucht nicht nur zu träumen, sondern er kann sich seine Träume auch erfüllen.
Geld ist Macht, und wer reich ist, den wird man kaum links liegen lassen. Zuviel hängt von seinem Einfluß ab. All diese starken, sicheren, mächtigen Leute passen aber nicht ins Reich Gottes. Alle, die als Fundament ihres Lebens nicht Jesus Christus, sondern ihr Geld und ihre irdische Macht haben, sind Leute ohne ewigen Lebensgrund.

Wer reich ist, muß sehr aufpassen, damit der Reichtum ihm nicht zum Götzen wird.

Darum fordert uns die Bibel auf: „Hütet euch vor der Liebe zum Geld!" (Luk. 12,15) „Die da reich werden wollen, fallen in Versuchung und Stricke und viele törichte und schädliche Lüste, die die Menschen in Untergang und Verderben stürzen" (1. Tim. 6,9). „Fällt euch Reichtum zu, so hängt das Herz nicht daran" (Ps. 62,11b). Viele reiche Menschen haben, als sie von Jesus ergriffen wurden, ihren ganzen Reichtum verschenkt. Andere haben zwar ihre Güter behalten, aber sie betrachteten sie fortan als anvertraute Pfunde, und sie lebten demütig und schlicht in der Mitte ihrer armen Brüder.

Weil Gott auch die Reichen liebt, muß er sie manchmal schmerzliche Wege führen, um ihnen deutlich zu machen, daß auch sie ganz von seiner Gnade abhängig sind. Andererseits muß aber festgehalten werden, daß der Fluch des Reichtums nicht nur den bedroht, der Millionen besitzt. Auch als kleine Leute können wir einen Schatz besitzen, der uns über alles teuer ist, und der uns abhält, die Tür zum Himmel zu finden. Dann würde für uns der Ruf Jesu gelten: Verkaufe dies eine, das dein Reichtum ist, gib's den Armen und folge mir nach.

Aber wir sollten nicht warten, bis Gott uns den vergänglichen Reichtum aus den Händen schlägt. Wir sollten auch nicht beten: Herr, nimm mir alles weg, was dir nicht gefällt! Wir sollen selber loslassen. Wir sollen Jesu Ruf hören: Trenne dich freiwillig von allem, was dir zu falscher Sicherheit und zum Abgott geworden ist. Gib es den Armen! Sammle dir einen Schatz im Himmel - und folge Jesus nach. Er zwingt dich nicht dazu, doch er kann seine Forderung nicht herabsetzen. Er steht vor dir und wartet. Lauf nicht verärgert davon! Es geht um deine ewige Rettung.

9. Die Urgemeinde und ihre irdischen Güter

Wie soll ein Christ mit Geld und irdischem Besitz umgehen? Wir haben versucht, Jesu Leben und seine Lehre in Bezug auf das Geld zu verstehen. Nun möchten wir uns der ersten Christengemeinde zuwenden. Auch von ihr haben wir einiges zu lernen.

Die Apostelgeschichte berichtet: „Die Menge der Gläubiggewordenen aber war ein Herz und eine Seele, und auch nicht einer sagte, daß etwas von seinem Besitz sein eigen sei, sondern alles war ihnen gemeinsam. Und mit großer Kraft legten die Apostel das Zeugnis von der Auferstehung des Herrn Jesus ab, und große Gnade war auf ihnen allen. Denn es war auch kein Bedürftiger unter ihnen, alle nämlich, welche Besitzer von Grundstücken oder Häusern waren, veräußerten sie und brachten den Erlös des Verkauften und legten ihn den Aposteln zu Füßen, und man teilte jedem aus, je nachdem einer es nötig hatte" (Apg. 4,32-35).

Die Jünger hatten schon in den drei Jahren, die sie mit Jesus verbrachten, gelernt, einfach zu leben und alles miteinander zu teilen. Nun waren sie vom Heiligen Geist erfüllt worden und hatten die erste Christengemeinde gegründet. Diese Gemeinde begann sofort, ihre wirtschaftlichen Mittel untereinander zu teilen. Die Gläubigen waren sehr oft beisammen und hielten alles gemeinsam. Litt einer Not, so teilte man mit ihm. Man gab aber nicht nur von dem, was man erübrigen konnte, sondern man griff auch das „private" Vermögen an, um die Not des Bruders zu lindern. Man war bereit, einen Besitz zu verkaufen und den Erlös mit allen zu teilen. Jeder erhielt, was er nötig hatte.

Diese Christen erlebten eine begeisterte Einheit. Sie spürten daß sie zusammengehörten und daß deshalb auch alles, was sie besaßen, allen gehörte. Eine neue Gemeinschaft war entstanden, in der keiner alleingelassen war, und in der auch kein Lebensgebiet vom gemeinsamen Tragen und Miterleben ausgeschlossen wurde. Sie spürten alle, daß sie ein Herz und eine Seele waren. Nicht umsonst machte diese tiefe, geistliche Einheit einen starken Eindruck nach außen. Durch ihr Einssein wirkte die Gemeinde anziehend. Unter solchen Umständen ist es leicht, erfolgreich zu evangelisieren.

Vor seinem Sterben hatte Jesus den Vater gebeten, daß die Schar der Seinen völlig eins sein möchte. In Jerusalem wurde dieses Gebet erhört. Die Einigkeit war nicht von oben herab befohlen oder gar erzwungen, sondern sie war eine frohe Tatsache. Die Bruderliebe war so tief, daß keiner es als notwendig empfand, seinen privaten Besitz vor dem Bruder abzuschirmen.

In Apg. 6 wird berichtet, wie die Einheit für eine Weile bedroht scheint. Die griechischen Witwen beklagen sich, daß sie bei der täglichen Verteilung von Geld und Nahrungsmitteln übergangen werden. Was tut die Gemeinde? Sie wählt sieben Männer aus, um die Verteilung zu überwachen. Alle sieben stammen aus der griechischen Minderheit. Die Gemeinde stellt den Benachteiligten zudem ohne Zögern die Mittel der Hilfskasse zur Verfügung. Und aus dieser klugen, mutigen Tat des Vertrauens entsteht ein neuer Aufbruch. Das Wort Gottes wächst, und die Zahl der Jünger in Jerusalem nimmt ständig zu (Apg. 6,7).

In der Urgemeinde gab es keine krassen, störenden Unterschiede zwischen arm und reich, und diese ausgeglichene Gemeinschaft half zum Wachstum der Gemeinde. Würde nicht heute noch manche Gemeinde aufblühen, wenn man die Ungleichheiten zwischen arm und reich im Bruderkreis überwinden könnte? Würde solch eine Tat nicht kräftiger wirken als die feurigste Evangelisationsansprache?

Ich glaube nicht, daß der Bericht der Bibel so zu verstehen

ist, als seien in der Urgemeinde alle privaten Besitztümer abgeschafft worden. Niemand war gezwungen, seinen Besitz zu verkaufen. Auch mußte keiner den Erlös des Verkaufs an die Gemeinde abliefern. Es war alles ein freiwilliges Teilen aus Liebe zu den Schwestern und Brüdern, aus tiefer Sorge um das Wohlergehen eines jeden. Nicht einer sagte, daß etwas von seinem Besitz sein eigen sei (Apg. 4,32). Das heißt nicht, daß sie alle Häuser verkauften und alles Geld in die Gemeindekasse warfen. Wir erfahren zum Beispiel, daß Maria, die Mutter des Johannes, ihr eigenes Haus besaß und es für Gemeindeversammlungen zur Verfügung stellte.

Offensichtlich verkauften auch nicht Hunderte oder gar Tausende auf einmal ihren Besitz, denn das hätte sogar in einer Stadt wie Jerusalem zu einer wirtschaftlichen Krise geführt. Aber man war jederzeit bereit, Landstücke und Häuser zu verkaufen, wenn es für die Versorgung der Brüder notwendig war. Dabei setzte keiner eine Grenze, wie weit er bereit war, mit seinem persönlichen Opfer zu gehen. Man teilte nicht nur vom Überfluß oder vom restlichen Einkommen, sondern zapfte, wenn nötig, auch das Grundkapital an. Was einer besaß, das gehörte allen.

Man hat oft diese tiefe Liebesgemeinschaft der ersten Christen belächelt. Manche sagen, die Gemeinde von Jerusalem sei wegen ihrer Gütergemeinschaft verarmt, und deswegen habe Paulus später für diese armen Brüder Geld sammeln müssen.

Wenn diese Erklärung richtig wäre, dann müßte man die ersten Christen zwar als rührend liebevolle, aber doch reichlich naive und unvernünftige Leute ansehen. Die Geistesfülle, die ihnen an Pfingsten geschenkt worden war, hätte bedauerliche Übertreibungen doch nicht zu verhindern vermocht. Die Idee einer solchen Gütergemeinschaft wäre dann vielleicht sympathisch, aber auf längere Zeit doch wirklichkeitsfremd.

Es gibt für die Armut der Gemeinde von Jerusalem bessere Erklärungen: In Jerusalem gab es ein riesiges Heer von Bettlern, die wußten, daß man in dieser Stadt gute Aussicht hatte auf reichliche Almosen. Hinzu kam, daß viele alte Juden den Wunsch hatten, ihre letzten Jahre in der heiligen Stadt zu verbringen.

Die Geschichtsschreiber berichten zudem über mehrere Naturkatastrophen, die über Jerusalem hereinbrachen, gerade in den Jahren nach Gründung der ersten Christengemeinde.

Bald kam auch die erste Verfolgung über die Christen Jerusalems, so daß sie nicht mehr mit ihrem gewohnten Einkommen rechnen konnten. Unvermittelt bekamen sie die Verachtung ihres Volksgenossen zu spüren, und sie hatten Mühe, ihr tägliches Brot zu erwerben.

Man sollte also nicht zu schnell der Gütergemeinschaft die Schuld zuschieben für die Armut der Gemeinde. Die grenzenlose Bruderliebe der ersten Christen sollte uns vielmehr ein Ansporn sein. Diese Leute waren keine naiven Schwärmer, sondern ganz einfach bedingungslos Jünger Jesu, getrieben von der Liebe Gottes.

Aber war diese Gemeinde nicht doch ein allzu schöner Einzelfall? Sah das Bild in den Gemeinden des Apostels Paulus nicht schon ganz anders aus? Diesen Fragen werden wir im nächsten Kapitel nachgehen.

10. Besitzausgleich in paulinischen Gemeinden

In den ersten Christengemeinden war es üblich, daß man am Sonntag, wenn man zum Gottesdienst ging, sein Mittagessen mitbrachte. Nach Schluß des Gottesdienstes blieb man noch längere Zeit beisammen und feierte gemeinsam eine fröhliche Mahlzeit. Am Schluß der Mahlzeit hielt man das Gedächtnismahl des Herrn, das sogenannte Abendmahl.

In der Gemeinde von Korinth waren diese Mahlzeiten aber bös entartet. Die reichen Familien brachten großartige Festmahlzeiten mit, und die verzehrten sie dann für sich allein. Neben ihnen saßen arme Brüder, die sich überhaupt keine Mahlzeit leisten konnten, aber sie wurden nicht berücksichtigt. Die Reichen aßen und tranken zuviel, die Armen blieben hungrig.

Zuletzt genoß man noch das Abendmahl, und da tranken alle aus demselben Kelch und aßen von demselben Brot.

Als der Apostel Paulus von diesen Vorgängen erfuhr, empörte er sich sehr. Diesen Mißstand konnte er unmöglich dulden. Er suchte den Korinthern zu erklären, daß ihre Art des Abendmahls eine Heuchelei und eine Lästerung gegen den Herrn Jesus sei.

Im Abendmahl, so erklärt Paulus, bezeugen wir, daß wir alle zusammengehören. Wir trinken aus einem Kelch und essen von einem Brot. Wir sind eine durch Jesus Christus geschaffene, tief verbundene Gemeinschaft. Dieses Abendmahl ist aber eine gräßliche Lüge, wenn wir vorher nicht die Güter, die wir besitzen, mit den Brüdern teilen. Wenn beim vorhergehenden Liebesmahl die einen satt, ja sogar übersatt, und die andern hungrig sind, dann stimmt etwas nicht.

In der Gemeinde von Korinth lag auch sonst noch manches im argen. Es gab dort schlimme Spaltungen. Man hatte sich in mindestens vier Gruppen aufgeteilt. Paulus erklärt den Korinthern, wie unmöglich eine solche Trennung der Gemeinde sei.

Auch in anderen Briefen, besonders im Galaterbrief, sucht Paulus den jungen Gemeinden klarzumachen, daß durch Jesus alle Trennwände, alle Unterschiede der Klassen und Rassen, des Geschlechts und der Sprache bedeutungslos geworden sind. Alle, die zu Jesus Christus gehören, sind unter sich eins. Sie bilden eine Gemeinschaft, die nicht nur für kurze Zeit am Sonntagmorgen besteht, sondern die alle Lebensgebiete umfaßt.

Schon Jesus hat angekündigt, daß viele Menschen, wenn sie ihm nachfolgen, ihre Familie und ihr Volk verlieren werden. Sie werden aber nicht erst im Himmel, sondern schon im diesseitigen Leben mehr gewinnen, als sie verloren haben, denn ihnen wird eine neue Bruderschaft und ein neues Volk geschenkt. Jesus hat auch offen erklärt, seine Jünger seien seine wirklichen Brüder und Schwestern, und sie stünden ihm näher als die leiblichen Geschwister.

In der ersten Christengemeinde von Jerusalem war diese tiefe Gemeinschaft, diese durch den Heiligen Geist gewirkte Verbundenheit Tatsache geworden. Die ganze große Gemeinde war ein Herz und eine Seele, und sie hielten auch die irdischen Besitztümer gemein. Die reichen Geschwister stellten von ihrem Besitz soviel zur Verfügung, wie nötig war, um die Armen zu versorgen.

Paulus suchte den jungen Gemeinden, die er gegründet hatte, denselben Geist der Verbindlichkeit und Bruderschaft einzupflanzen. Zunächst sollte jede Gemeinde unter sich die tätige Bruderliebe üben. Hoch und niedrig, reich und arm sollten es lernen, sich als auf der gleichen Stufe stehend zu betrachten und auch geistliche und irdische Güter miteinander zu teilen. Die Gütergemeinschaft konnte nicht überall die gleiche Form haben wie in Jerusalem, aber der Grundgedanke sollte derselbe sein. Alle Brüder und Schwestern sind durch Jesus Christus innig miteinander verbunden. Es darf zwischen ihnen keine trennenden Mauern mehr geben.

Doch Paulus ging noch einen Schritt weiter. Es war ihm klar, daß die Christen der ganzen Welt durch Jesus miteinander verbunden sind. Nicht nur die Geschwister einer örtlichen Gemeinde sollten diese Einheit praktisch beweisen, sondern auch Christen, die über große Entfernungen voneinander getrennt sind, sollten eine Einheit der Liebe bilden.

Als in Palästina eine Hungersnot herrschte, sammelten die Christen in Antiochien Geld für die Brüder in Judäa. Jeder gab, wie er es vermochte, und das Ergebnis der Sammlung wurde durch Paulus und Barnabas an die Ältesten von Jerusalem überbracht.

Auch nach dieser Reise hat Paulus immer wieder viel Kraft und Zeit aufgewendet, um unter den heidenchristlichen Gemeinden für die armen Brüder in Jerusalem Geld zu sammeln. In mehreren Briefen erwähnt er diese Sammlungen, und im 2. Korintherbrief bilden sie sogar ein Hauptanliegen. Es ist dem Apostel wichtig, daß diese Sammlungen sorgfältig durchgeführt und treu verwaltet werden. Er setzt seine zuverläßigsten Mitarbeiter dafür ein. Wo nötig, stellt er andere Aufgaben zurück, um die Sammlungen zu überwachen und abzuliefern.

Paulus ist überzeugt, daß es ein unerträglicher Zustand ist, wenn die Christen in Jerusalem hungern, während die Christen in Griechenland im Überfluß leben. Es ist ein gewaltiger neuer Gedanke, daß Menschen, die durch Nation, Rasse, Sprache und Kultur verschieden und durch Tausende von Kilometern voneinander getrennt sind, einander doch so direkt nahestehen, daß der eine sich gedrungen fühlt, den Mangel des andern auszufüllen.

Bei diesen ersten zwischenkirchlichen Sammelaktionen wurden wichtige Grundsätze festgelegt, die auch für uns noch nützlich sein können.

1. Jeder soll geben, was ihn gut dünkt (1. Kor. 16,2). Das

heißt nicht, daß man nur das Überflüssige gibt, sondern jeder überlegt bei sich selbst, wieviel er opfern kann, ohne seine Angehörigen in Schwierigkeiten zu bringen.
Paulus erwähnt 2. Kor. 8,2 ff., was er in Mazedonien erlebt hat. Er schreibt: „Was die Freundlichkeit Gottes in den dortigen Gemeinden aus den Menschen gemacht hat, das muß ich euch erzählen. Sie haben unendlich viel Leid durchgestanden, was man aber an ihnen erlebte, war nichts als strahlende Freude. Sie sind arm, so arm, daß es sich nicht schildern läßt. Aber Gott machte sie reich an ganz einfacher, schlichter Güte. Sie haben bis an die Grenze ihrer Möglichkeiten gegeben. Ja, ich kann es bezeugen, darüber hinaus. Sie haben mich gebeten und gedrängt, ich möchte sie doch nicht ausschließen, wenn Gott Menschen zu Werkzeugen seiner Liebe macht, ich möchte sie doch an dem Liebesdienst beteiligen, der der Gemeinde in Jerusalem erwiesen wird."

2. Paulus betont mehrmals, daß die Sammlungen völlig freiwillig sind. Es wird kein Zwang auferlegt. Paulus ermahnt und erklärt, aber er erteilt keine Befehle. Die Gaben sollen aus einem tiefen Bewußtsein der Brüderlichkeit und der Verantwortung kommen und nicht aus dem Gesetz.

3. Paulus begründet seine Anweisungen mit dem Grundsatz: Im Volke Gottes muß eine gewisse wirtschaftliche Gleichheit herrschen. So wie das Volk Israel in der Wüste von Gott das Manna bekam, und zwar keiner zuviel und keiner zuwenig, so soll jetzt unter Christen ein Ausgleich geschaffen werden. Die Reichen teilen mit den Armen. „Daran wird jedermann erkennen, daß ihr meine Jünger seid, so ihr Liebe zueinander habt", sagt Jesus (Joh. 13,35).

11. Wie verdienen wir unser Geld?

Jesus Christus ist der Herr unseres Lebens. Er möchte wirklich alle Lebensgebiete beherrschen. Auch unser Geld und Gut gehören unter seine Kontrolle. Wir wissen, daß alles, was wir erworben haben, letzten Endes Gott gehört. Darum kann es Gott auch nicht gleichgültig sein, wie wir zu unserem Besitz gekommen sind.

Es ist des Christen Pflicht, sich seinen Lebensunterhalt zu beschaffen. Er soll nicht faul sein und andere für sich arbeiten lassen. Also muß er das notwendige Geld verdienen. Das kann durch ehrliche Handarbeit, durch Handel oder durch einen geistigen Beruf geschehen. Es ist auch möglich, daß wir uns durch die Ausübung eines geistlichen Amtes ernähren.

Auf jeden Fall ist es Gottes Wille, daß sein Volk glücklich und wohlversorgt ist. Gott freut sich keineswegs an Armut, äußerem Elend und an unversorgten, darbenden Menschen. Armut an sich gereicht nicht zu Gottes Ehre und ist nicht heilig. Der Christ, der einen wohlbestellten Bauernhof oder ein blühendes Geschäft hat, ehrt damit seinen Gott, wenn er in demütiger Abhängigkeit von seinem Herrn handelt und sich als Haushalter betrachtet. Auch derjenige, der gegen Bezahlung treu und fleißig arbeitet, trägt zur Ehre Gottes bei, wenn seine Arbeit zum Wohl der Mitmenschen dient und ihm sein tägliches Brot verschafft.

Wenn wir aber nicht nur auf Broterwerb, sondern auf Reichtümer ausgehen, besteht die Gefahr, daß wir andere benachteiligen und sie ihres berechtigten Anspruchs berauben. Große Reichtümer, die auf unehrliche, zweifelhafte Art erworben wurden, können Gott nicht gefallen.

Jünger Jesu können ihr Geld kaum durch Glücksspiele, Lotterien, Sporttoto und ähnliche Einrichtungen gewinnen. In all diesen Fällen bereichert man sich ohne ehrliche Anstrengung auf Kosten seiner Mitmenschen.

Bei all unseren Geschäften haben wir Gott als Partner dabei, darum können wir uns nicht an Unternehmen beteiligen, die zwar schönes Geld einbringen, aber gleichzeitig den Mitmenschen Schaden zufügen. Wir können nicht Waren verkaufen, die den Menschen zur Sünde verführen, seine Leidenschaften aufstacheln und seine Gesundheit untergraben. Freilich ließe sich mit der Herstellung und dem Verkauf von schädlichen Getränken und Kräutern ein großes Vermögen zusammenraffen. In der Vergnügungsindustrie läßt sich leicht Geld verdienen. Wer den Menschen ein bißchen Genuß, Sensation und Zeitvertreib anbietet, braucht um Absatz nicht besorgt zu sein. Hier heißt es in den meisten Fällen für den Christen: Hände weg!

Gott möchte, daß seine Kinder ihm helfen, seine Schöpfung zu pflegen, zu erhalten und zu entwickeln. Wir dürfen uns nicht dazu hergeben, Gottes Werk zu zerstören oder zu gefährden. Wir können nicht teilnehmen an Vorbereitungen zur Zerstörung von Menschenleben, zur Vernichtung von Städten und Industrien.

Manch einem tüchtigen Gelehrten oder Techniker wird eine glänzende Stellung angeboten, wo er für den Rest seines Lebens wohl versorgt und hoch bezahlt wäre. Er müßte aber seine Kenntnisse dazu einsetzen, todbringende Munition, schreckliche Bomben herzustellen oder weltweite Zerstörung zu planen. So kann man als Christ nicht sein Geld verdienen. Der Christ achtet darauf, daß durch seiner Hände Werk und durch den Beitrag seiner Intelligenz die Grundsätze des Reiches Gottes nicht verletzt werden. Er wird auch andere nicht zu solch einer Verletzung verleiten.

Wieviel verwenden die Menschen in unseren Ländern auf eitlen Putz, auf kostbaren Schmuck und auf luxuriöse Einrichtungen! Gerade auf diesen Gebieten sind verlockende

Verdienstmöglichkeiten, denn Luxus wird gerne hoch bezahlt. Kann der Christ seine kostbare Kraft und Zeit jahrelang an diesen eitlen Tand verschwenden?

Ich weiß, es ist für manche Christen äußerst schwierig, die Grundsätze des Reiches Gottes nicht zu verletzen. In einer Firma ist uns vielleicht eine Aufgabe zugewiesen, zu der wir innerlich ja sagen können, aber immer wieder kommt es vor, daß man von uns Arbeiten erwartet, die unser Gewissen nicht zulassen kann, weil Gottes Wort sie verurteilt. Vielleicht müssen wir eines Tages doch einen mutigen Schritt wagen, auch wenn es uns schweren Verlust einbringt. Lieber hungern, als mit Unrecht Geld verdienen!

Manche Leute versuchen, Gott zu beschwichtigen, indem sie einen guten Teil der auf ungöttliche Weise erworbenen Güter für die Kirche oder die Mission hergeben. Einer der reichsten Männer der Welt, der über viele Leichen gegangen war, um seine Milliarden zusammenzuscharren, stiftete in seinem Alter Hunderte von Millionen für wohltätige und kirchliche Zwecke. Er wurde dafür von Menschen sehr gepriesen. Ich glaube aber nicht, daß Gott sich durch diese Großzügigkeit blenden ließ, daß er die Blutflecken am Geld des reichen Mannes übersah. Blutgeld gehört nicht in den Opferkasten der Kirche. Das empfanden sogar die heuchlerischen Pharisäer (Matth. 27,6).

Vielen, die sich Christen nennen, müßte man zurufen: Seht ihr denn nicht, wie schmutzig euer Geld ist? Seht ihr nicht die Tränen oder gar das Blut eurer Mitmenschen an euren Banknoten kleben? Seht ihr nicht, daß das, was ihr herstellt, womit ihr euer Geld verdient, den Menschen zum Verderben gereicht? Seht ihr nicht, wie andere mit Seufzen und mit bitterer Not dafür bezahlen, während ihr ein gutes Geschäft macht und zu Vermögen kommt?

Wir dürfen uns nicht zu leicht mit der Entschuldigung trösten, wir hätten ja nicht gewußt, was mit dem Ding, das wir hergestellt oder verkauft hatten, nachher für Mißbrauch getrieben wurde. Es kann auch eine Schuld sein, nicht zu wissen oder nicht wissen zu wollen. Es ist zu billig, sich herauszureden mit dem Sprichwort: „Was ich nicht weiß, macht mir nicht heiß." Manchmal müßten wir wissen wollen. Unsere moderne Wirtschaft und Industrie ist zwar so kompliziert, daß der einfache Arbeiter kaum verstehen kann, wozu das, was er geschaffen hat, letzten Endes dienen wird. Die Verantwortung für den richtigen Gebrauch liegt dann bei den leitenden Personen.

Aber es könnte sein, daß man einen Christen daran erkennt, daß er unangenehme Fragen stellt. Das tut er nicht aus Neugier, sondern aus tiefer Verantwortung vor Gott. Er weigert sich, das Unglück in der Welt durch seine Arbeit noch zu vergrößern; vielmehr will er nach Kräften beitragen zur Rettung der Menschen.

Die Bibel sagt: „Es trete ab von Ungerechtigkeit, wer den Namen Christi nennt" (2. Tim. 2,19b).

12. Wie geben wir unser Geld aus?

„Das ist nun mein Geld, das habe ich mit großer Mühe erarbeitet, damit kann ich machen, was ich will", so sagt der junge Arbeiter, der sein erstes Gehalt in die Brieftasche steckt. Er hat ein begreifliches Gefühl der Unabhängigkeit: Ich habe Geld. Es ist mein Geld, und die Türen der Welt stehen mir offen, solange ich bezahlen kann. Das Geld erlaubt mir, zu tun, was ich will.

Wenn wir die Bibel ernst nehmen, wissen wir, daß Gott auch beim Geld mitreden will. Die ganze Erde gehört Gott. Auch all das, was wir unser Eigentum nennen, gehört ihm. Wir dürfen es nur für einige Zeit verwalten. Im vorangegangenen Kapitel haben wir ausgeführt, daß Gott sich auch darum kümmert, wie wir unser Geld verdienen. Es soll kein unrechtes Gut in unseren Händen sein. Und wenn wir wirkliche Christen sind, werden wir niemals sagen: Dieses Geld habe ich mir verdient. Es gehört mir. Ich kann darüber nach Belieben verfügen.

Wir sind durch Jesus neue Menschen geworden. Wir haben aufgehört, auf unsere Unabhängigkeit zu pochen. Jesus Christus ist nun Herr über unser ganzes Leben, also auch über unser Geld. Das Geld wird ja wahrscheinlich nicht lange in unserer Tasche bleiben, denn es wird gebraucht. Haben wir uns schon gefragt, ob wir unser Geld auch richtig ausgeben? Viele werden jetzt antworten: Ach, da gibt es nicht viel zu entscheiden. Jeden Monat brauche ich soundso viel für die Miete, für die Ernährung der Familie, für Steuern und Versicherungen, und der kleine Rest, der noch übrigbleibt, ist auch schon verplant für notwendige Anschaffungen.

Leider ist es so, daß das Geld, das uns zur Verfügung steht, meistens schon verplant ist. Ob es uns gefällt oder nicht, es rinnt alles davon, und wir können weder ja noch nein dazu sagen.

An einigen ständigen Ausgabenposten läßt sich kaum etwas ändern. Wir können selbst dort, wo die Auslagen zu hoch sind, nicht einfach von heute auf morgen die Weichen umstellen. Allzuoft sind wir auf längere Zeit festgelegt.

Wenn wir als verantwortliche Verwalter des uns anvertrauten Geldes handeln wollen, müssen wir uns dennoch die Mühe machen, uns von Zeit zu Zeit einen Gesamtüberblick zu verschaffen. Wir müssen einfach wissen, wo unser Geld hingeht. Wir sollten unsere Einnahmen und Ausgaben aufschreiben, auch wenn wir im voraus wissen, daß am Ende nichts übrigbleibt. Am Ende des Jahres sollten wir unsere Ausgaben zusammenstellen nach Konten: Wieviel haben wir gebraucht fürs Wohnen, für Essen, Kleidung, für Steuern und Versicherungen, für Gesundheitspflege, für Ferien und Vergnügen, wieviel haben wir für unsere Kirche und für die Mission aufgewendet? Und wo ist der Rest hingekommen?

Wenn es uns schwerfällt, eine solche Aufstellung ins reine zu bringen, dann können wir einen Freund um Hilfe bitten, wobei wir uns nicht scheuen sollten, unsere Zahlen auf den Tisch zu legen. Und wenn wir eine ganze Jahresübersicht vor uns haben, dann müssen wir uns ehrlich und gründlich fragen: Ist diese Art des Geldausgebens vor unserem Herrn Jesus richtig? Wo haben wir zuviel Geld verbraucht? Dabei dürfen wir uns jedoch nicht an dem messen, was andere Leute tun. Was andere sich leisten können, ist für uns nicht unbedingt richtig, und vor allem ist das, was Nicht-Christen sich erlauben, manchmal für Christen einfach Sünde.

Vielleicht stört uns in unserer Rechnung irgendein großer Posten. Es ärgert uns, daß wir hier so viel aufgewendet haben, aber es läßt sich kaum etwas ändern. Wer in einer zu teuren Wohnung wohnt, weil keine billigere zu finden war, der muß vielleicht für lange Zeit schweren Herzens die allzu hohe Miete entrichten. Aber er sollte sich trotzdem von Zeit zu Zeit fragen, ob sich an seiner jetzigen Art, das Geld auszugeben, nicht doch etwas verbessern läßt. Zahlreiche Christen stecken zuviel Geld in ihr Auto, in ihre Ferien oder in allerlei Vergnügen.

Unsere reichen Völker der westlichen Welt haben sich zum Teil ganz verkehrte Lebensgewohnheiten angeeignet. Dadurch werden sie gezwungen, ihr Geld auf eine Weise auszugeben, die dem Willen Gottes widerspricht.

Ein Christ wird einen bestimmten, ansehnlichen Teil seines Geldes abzweigen für den Bau des Reiches Gottes. Aber auch mit dem Übriggebliebenen wird er so umzugehen suchen, wie es seinem Herrn gefällt. Er wird sich fragen, was seiner Familie und der Gesellschaft zum Besten dient.

Vor einiger Zeit fand ich in einem Buch statistische Angaben, wie das amerikanische Volk sein Geld ausgibt. Wir wissen, daß kein anderes Volk so viel Geld für seine Kirchen und für die Mission opfert wie das amerikanische. Wenn ich Zahlen aus europäischen Ländern zur Verfügung hätte, sähen diese bestimmt wesentlich schlechter aus.

In jenem Buch stand, daß alle evangelischen Kirchen von Amerika zusammengenommen in einem Jahr für die äußere Mission 30 Millionen Dollar gespendet haben. Im gleichen Jahr jedoch gab Amerika für seine Hunde 750 Millionen Dollar aus!

Der amerikanische Christ gibt im Durchschnitt pro Jahr achtmal soviel aus für seine Autos wie für seine Kirche und zehnmal soviel für Luxusgegenstände wie für die Mission. Ich fürchte, unter europäischen Christen ist das Verhältnis nicht besser. Es ist auch beschämend festzustellen, daß die Verteilung der verschiedenen Ausgabenposten nicht besser wird, wenn das Einkommen einer Familie steigt. Arme Christen sind meistens treuer im Verwalten ihrer kleinen Geldmittel als die reichen, denen viel zur Verfügung steht. In Prozenten gerechnet geben die armen Brüder und Schwestern im allgemeinen mehr für den Bau des Reiches Gottes als die reichen.

Ich will nun keineswegs sagen, daß der Christ knauserig mit Geld umgehen müßte. Paulus schreibt: „Wer seine eigenen Hausgenossen nicht versorgt, der hat den Glauben verleugnet und ist ärger als ein Heide" (1. Tim. 5,8). Und Jesus tadelt die Pharisäer, weil sie ihr Geld unter falschem Vorwand in den Tempel bringen, anstatt ihre bedürftigen Eltern zu versorgen.

Aber es ist untreue Verwaltung, wenn wir unser Geld vor allem dazu verwenden, uns alle denkbaren technischen Erleichterungen zu verschaffen und teuren Genüssen nachzugehen, während unsere Kirche, unsere Missionsgesellschaften, für die wir verantwortlich sind, und die armen Menschenmassen in der Welt nicht einmal mit dem Nötigsten versorgt sind.

Wer von der Liebe Christi durchdrungen ist, wird sich fragen: Wie soll ich mein Geld ausgeben? Ich will die Sache Jesu nach Kräften fördern. Ich möchte leidenden Brüdern helfen. Ich möchte beitragen, die Wunden unserer Welt zu verbinden. Dieses Anliegen bestimmt meine Entscheidungen.

13. Sollen wir Schätze sammeln?

Dürfen wir das Geld, das wir durch Arbeit oder als Geschenk erhalten haben, behalten? Dürfen wir Ersparnisse sammeln? Die Bibel sagt: „Wer im Sommer einsammelt, handelt klug" (Spr. 10,5). Und an einer anderen Stelle werden die Ameisen gerühmt, sie seien weiser als die Weisen, weil sie, obwohl sie ein schwaches Völklein sind, im Sommer ihre Speise rüsten (Spr. 30,25).

Joseph wurde von Gott gebraucht, um in den Jahren des Überflußes in Ägypten das Getreide in Kornspeicher zu sammeln, damit das Volk in den Jahren des Mangels zu essen hätte.

Gott will, daß wir die reichen Gaben, die er uns anvertraut, vernünftig verwalten.

Es gibt auch in der Natur Zeiten des Säens und dann Zeiten des Wachsens, wo man noch keine Früchte genießen kann. Da ist man gezwungen, den Vorrat von der letzten Ernte aufzuzehren.

Der Mensch hat, wenn er ungefähr 80 Jahre alt werden darf, vielleicht 40 Jahre oder etwas mehr, in denen er voll arbeiten, seinen laufenden Lebensunterhalt verdienen und vielleicht gar etwas erübrigen kann. Solange er Kind ist, muß er von dem leben, was seine Eltern für ihn erübrigen, und wenn er alt wird, zehrt er von dem, was er für die alten Tage erspart hat, oder er muß von der jungen Generation versorgt werden.

Gott hat nichts dagegen einzuwenden, daß wir vernünftig einteilen und vorsorgen. Das gehört zum natürlichen Rhythmus von Saat und Ernte, von Sammeln und Aufzehren.

Es gibt Volksstämme, bei denen man nur arbeitet oder auf

die Jagd geht, wenn man Hunger verspürt. Wenn einer Geld verdient hat, geht er nach Hause, und seine ganze Verwandtschaft zehrt von dem Geld, bis nichts mehr übrig ist. Erst dann entschließt sich irgendein Mitglied der Sippe, wieder nach einer Verdienstmöglichkeit Ausschau zu halten. Hungernde, zerlumpte und kranke Kinder sind das alltägliche Bild in den Dörfern dieser Leute.

In guten Zeiten etwas ersparen, damit man in Zeiten der Dürre nicht darben muß, diese Grundregel gilt auch für Christen, die wissen, daß das tägliche Brot aus der treuen Hand Gottes kommt.

Kluge Vorsorge ist auch deshalb notwendig, weil wir sonst in arge Abhängigkeit von Menschen geraten. Wenn wir nichts mehr haben, um das Lebensnotwendige zu bezahlen, dann müssen wir uns vielleicht der Knechtschaft von Menschen beugen. Es ist bestimmt schön und richtig, wenn Angehörige und Freunde uns nicht im Stich lassen. Es ist natürlich, daß Kinder ihre alten Eltern versorgen. Trotzdem sind wir gut beraten, wenn wir darauf hinarbeiten, nicht ums Gnadenbrot betteln zu müssen.

Nun hat aber Jesus seine Freunde gewarnt: „Ihr sollt euch nicht Schätze sammeln auf Erden, wo Motten und Rost sie zunichte machen, wo Diebe einbrechen und stehlen. Sammelt euch vielmehr Schätze im Himmel! Sorget euch nicht um euer Leben, was ihr essen oder was ihr trinken sollt, noch um euren Leib, was ihr anziehen sollt!" (aus Matth. 6)

Jesus weist uns hin auf die Vögel des Himmels, auf die Lilien des Feldes und auf das Gras. Der himmlische Vater, der seine Pflanzen und Tiere so reichlich versorgt, er werde noch viel mehr für die Bedürfnisse der Menschen aufkommen.

Wir sollten, so sagt Jesus, nicht für den morgigen Tag sorgen. Ein andermal fordert Jesus seine Jünger sogar auf, alles zu verkaufen, was sie haben, und das Geld den Armen zu geben.

Was ist von diesen Aufforderungen Jesu zu halten? Es gibt berühmte Bibelausleger, die meinen, Jesus habe damals erwartet, die alte Welt werde in allernächster Zeit untergehen, das Reich Gottes werde anbrechen, und seine Jünger würden ihre irdischen Besitztümer gar nicht mehr benötigen. Einige Leute, die sich für klug halten, sind zu der Erklärung gekommen, Jesus hätte gedacht, er würde nach wenigen Wochen oder Monaten in Herrlichkeit wiederkommen. Er habe sich eben wie irgendein gewöhnlicher Mensch auch mal geirrt und falsche Schlüsse gezogen.

Jesus war kein kurzsichtiger Mensch mit überspannter Phantasie. Er wußte genau, was er sagte. Er ist nicht gegen vernünftige Vorsorge und noch weniger gegen treues Verwalten anvertrauter Güter.

Aber er weiß: Da, wo unser Schatz ist, da ist auch unser Herz. Auf irdischen Reichtum ist kein Verlaß. Alles, was wir gesammelt haben, kann uns an einem Tag wieder geraubt werden. Wehe uns, wenn wir uns an diese Dinge hängen, und wenn wir meinen, darauf würde sich nun unsere Versorgung gründen.

Unsere einzige Sicherheit ist der reiche, gütige Vater im Himmel, der liebevoll für all seine Geschöpfe sorgt. Ihm dienen wir mit ganzem Einsatz. Sein Reich ist unser Lebensinhalt.

Das ängstliche, kleingläubige Sorgen um die Zukunft hilft uns nicht weiter, es macht uns vielmehr krank und bringt uns dazu, das Geld zum Götzen zu machen.

Wer nach der Lehre Jesu leben will, braucht nicht unbedingt ein armer Schlucker zu sein. Je nach der Aufgabe, die Gott ihm anvertraut, kann er sogar reiche Güter zu verwalten haben. Doch er sammelt sich Schätze im Himmel und nicht auf Erden. Menschen sind ihm immer wichtiger als Geld. Die Schätze dieser Welt sind niemals Selbstzweck, sondern Mittel, um zu dienen und zu helfen.

Wenn die Sorge um das Reich Gottes unsere Träume und Gedanken ganz erfüllt, wenn wir am Unglück dieser Welt aus tiefstem Herzen mitleiden, dann wird uns nicht viel Zeit bleiben, um nach materiellen Gütern zu streben. Wir sind froh, wenn wir Nahrung und Kleidung haben. Wir schützen nach Möglichkeit unsere Familie vor Hilflosigkeit in Zeiten des Mangels, doch ohne ängstlich zu fragen: Was werden wir essen, womit werden wir uns kleiden, was wird morgen sein?

Ungläubiges Sorgen macht uns krank und verdirbt unsere gesunde Einstellung zu den irdischen Gütern. So oft bilden wir uns ein, dies oder jenes müßten wir haben. Und Gott lächelt über unser unnötiges Hasten und Raffen. Letztlich leben wir nicht von unserer Tüchtigkeit, sondern von der Güte Gottes, die jeden Morgen neu ist.

14. Geldliebe – die Wurzel allen Übels

Ein guter Arzt kuriert nicht nur die Symptome einer Krankheit. Er streicht nicht bloß Salbe auf die Eiterbeulen. Er sucht herauszufinden, wo der Krankheitsherd liegt. Man muß dem Übel an die Wurzel gehen.

Unsere Gesellschaft gleicht einem kranken Körper. Sogar die christlichen Kirchen sind weithin krank. Die Bibel, das Buch der göttlichen Wahrheit, gibt sich nicht damit zufrieden, ein wenig Salbe auf die kranke Oberfläche zu streichen. Sie sucht das Übel an der Wurzel zu fassen. Und eine Wurzel allen Übels, so heißt es in der Bibel, ist die Geldliebe (1. Tim. 6,10).

Ist das nicht ein bißchen zu scharf gesprochen? Es gibt jedenfalls auf der Welt keine Regierung, die die Geldliebe als eine Untat bestraft. Diebstahl, Betrug, Mord, Ehebruch, das sind wirklich schmutzige Sünden. Sie werden auch von allen Religionen verurteilt. Aber Geldliebe? Die wird man doch höchstens verurteilen, wenn sie sich in Form von Wucher zeigt.

Wer gerne viel Geld haben möchte, hat nichts zu befürchten, solange er anständig bleibt. Und wer viel Geld besitzt, vor dem zieht man eher den Hut, als daß man ihn als einen Übeltäter bezeichnet.

Auch in den christlichen Gemeinden, sogar in denen, die sonst mit moralischen Urteilen schnell bei der Hand sind, wird Geldliebe kaum jemals als das bezeichnet, was sie ist, nämlich als Götzendienst.

Geldliebe erhält unter sogenannt christlich gesinnten Brüdern meistens einen hübschen Namen. Sie wird als ausgeprägte Sparsamkeit und Geschäftstüchtigkeit bezeichnet. Man sagt, der Betreffende verstehe es eben, sein Glück beim Schopf zu fassen, er habe die Fähigkeit, seinen Vorteil wahrzunehmen und seine Ansprüche zäh durchzusetzen.

In den neueren Bibelübersetzungen wird meistens der Ausdruck Geldliebe gebraucht, während Luther fast immer von Geiz spricht. Geiz hat wohl eine etwas engere Bedeutung. Der geizige Mensch ist gewöhnlich reich, und er umklammert seinen Besitz leidenschaftlich. Er macht ungern Geschenke und verschließt sich vor der Not der Armen. Er sträubt sich, wenn man von ihm verlangt, daß er mit andern teile.

Geldliebe oder Geldgier ist eigentlich dasselbe wie Geiz, doch wird damit das Übel etwas umfassender beschrieben. Geldgierig kann auch ein armer Schlucker sein. Geldliebe kann uns umtreiben, auch wenn wir wenig Erfolg haben im Sammeln von Reichtümern. Geldliebe ist ein weltweit verbreitetes Übel, das sich sowohl in der ärmsten wie in der mittleren und in der reichsten Gesellschaftsklasse findet.

Geldliebe, da gibt es einfach nichts zu markten, ist mit wahrem Christentum unvereinbar. In Eph. 5,5 heißt es: „Denn ihr sollt wissen, daß niemand Anteil hat am Reiche Christi, der in Geldliebe lebt, denn er ist ein Götzendiener." Jesus warnt seine Jünger: „Seht zu und hütet euch vor aller Habsucht, denn auch wenn einer Überfluß hat, beruht sein Leben nicht auf seinem Besitz" (Luk. 12,15).

Paulus warnt seine jungen Mitarbeiter Timotheus und Titus: „Wenn ihr in den Gemeinden Brüder für ein wichtiges Amt auswählt, dann dürfen es nicht Leute sein, denen man Geldliebe nachsagt" (1. Tim. 3,3; Tit. 1,7).

Der Apostel erklärt auch, daß man die zahlreichen Irrlehrer, die in der Endzeit auftreten werden, unter anderem daran erkennen wird, daß sie es sehr aufs Geld der Leute abgesehen haben (1. Tim. 6,5; Tit. 1,11; 1. Petr. 5,2).

Ist es nicht traurig zu sehen, wie zu allen Zeiten Betrüger ihr erfolgreiches Handwerk treiben? Sie tun, als wären sie eifrige Diener Christi, in Wirklichkeit machen sie unter frommem Deckmantel für sich selbst glänzende Geschäfte.

Das Alte Testament erwähnt als erschütternde Beispiele den Propheten Bileam (4. Mose 22), die Söhne Samuels (1. Sam. 8,3) und Gehasi, den Diener des Propheten Elisa (2. Kön. 5,19-27). Alle diese Männer hatten im Dienste Gottes gestanden, und sie hatten herrliche Wunder erlebt. Doch ihre Liebe zu Geld und schönen Geschenken verführte sie dazu, die Sache Gottes zu verraten, dem Volk Gottes zu schaden, ungerechte Urteile zu sprechen und durch unwahres Ränkespiel Geld in die eigene Tasche abzuzweigen.

Wer zählt all die begabten Knechte Gottes, die durch Geldliebe auf Abwege gerieten? Wie viele Christen haben sich um des lieben Geldes willen auf zweideutige Geschäfte eingelassen?

Geldliebe zwingt uns, an Dingen festzuhalten, die wir um des Friedens willen sonst fahren lassen würden. Geldliebe reißt Familien, die früher friedlich beieinander wohnten, oder sich doch freundschaftlich begegneten, für immer auseinander. Geldliebe veranlaßt den Geschäftsmann, seinen Kunden nur die halbe Wahrheit zu sagen, um zu einem günstigen Geschäft zu kommen. Geldliebe verführt den Arbeitgeber, seine Mitarbeiter ungenügend zu bezahlen. Geldliebe treibt die Arbeitnehmer dazu, von ihrem Chef einen hohen Lohn zu verlangen, ohne entsprechende Leistung zu erbringen.

Wir sollten die billigen Sprüche, die so im Volk herumgeboten werden, nicht nachplappern, wie etwa: „Geld stinkt nicht", „Was kein Geld einbringt, zählt nicht" oder „Viel Geld haben, macht nicht glücklich, aber kein Geld haben, macht unglücklich."

Wenn wir uns mit Recht Christen nennen, dann gilt für uns das Wort Jesu: „Niemand kann zwei Herren dienen. Ihr könnt nicht Gott dienen und dem Mammon. Ihr werdet den einen lieben und den andern hassen" (Matth. 6,24). Heißt das in einfachem Deutsch nicht: Wer das Geld liebt, haßt Gott?

Es geht letztlich nicht um die Frage, wieviel oder wie wenig wir besitzen. „Fällt euch Reichtum zu. so hängt euer Herz nicht daran", ruft uns der Psalmsänger David zu (Ps. 62,11b). Das Herz nicht beim Geld haben, darauf kommt es an. Ob wir am Geld hängen oder nicht, das kann man an unseren großen und kleinen täglichen Entscheidungen ablesen.

Ich fürchte, es würde auch heute einigen reichen Christen genau gleich ergehen wie jenem Jüngling, von dem Jesus forderte, er solle alles verkaufen und den Erlös verschenken. Dieser junge Mann hatte sich selbst vorher nicht richtig gekannt. Er hielt sich für einen tadellosen Frommen. Erst als er sein Geld loslassen sollte, erwies es sich: Das war zu schwer. Er liebte Jesus, aber sein Geld liebte er noch mehr.

Wer sein Geld liebt, wird mit ihm zur Hölle fahren.

15. Das Scherflein der Witwe

Einmal saß Jesus im Tempel in der Nähe des Opferkastens und beobachtete, wie die Besucher des Tempels Geld hineinwarfen. Viele wohlhabende Leute gaben großzügig. Dann kam eine arme Witwe und steckte nur zwei kleine Kupfermünzen hinein. Da rief Jesus seine Jünger herbei und sagte zu ihnen: „Hört gut zu, diese Witwe hat mehr gegeben als alle andern. Sie haben lediglich von ihrem Überfluß etwas abgegeben. Aber diese arme Witwe hat tatsächlich alles geopfert, was sie zum Leben hatte." Diese Geschichte steht in Markus 12,41-44.

Immer wieder muß ich über Jesus staunen. Er predigt so gewaltig, daß die Leute entsetzt sind. Er macht sich zum Freund der ärgsten Sünder, so daß die Frommen sich ärgern. Er heilt Kranke, treibt Teufel aus, weckt Tote auf und speist 5000 Menschen mit fünf Broten und zwei Fischen. Nicht umsonst wird er oft von einer riesigen Volksmenge belagert.

Aber plötzlich entrinnt er dem Gewühl und bleibt eine ganze Nacht allein auf einem Berg, um zu beten.

Und eines Tages finden wir ihn im Tempel zu Jerusalem, den er als das Haus seines Vaters bezeichnet. Er setzt sich nicht weit vom Opferkasten und schaut still den Leuten zu. Seltsam, daß ihm das so wichtig ist! Daß er, der Welterlöser und Sünderheiland, der soviel schwerwiegendere Probleme zu wälzen hat, einige Stunden Zeit verliert, um diesen Geldkasten zu beobachten!

Doch einmal mehr tut Jesus das Richtige. Ihm geht es wahrlich nicht ums Geld. Ihm geht es um die Menschen. Er beobachtet, wie sie leben und leiden; mit scharfen Augen erkennt er, was in ihren Köpfen und Herzen vorgeht. Er fragt nach ihrem Glauben und prüft, ob ihr Tun echt ist. Er forscht, ob sie den Vater im Himmel wirklich von ganzem Herzen lieben.

Und Jesus weiß, daß man dort, beim Ausgang des Gotteshauses, beim Opferkasten, Erstaunliches beobachten kann. Still schaut er zu. Ich weiß nicht, ob die Leute damals auch, wie es heute üblich ist, mit der Hand ihr Geldstück verbargen, damit niemand sehen konnte, wieviel sie in den Kasten legten. Anscheinend handelte es sich um einen offenen Kasten, so daß ziemlich gut zu erkennen war, wenn jemand große Geldstücke hineinwarf.

Heute ist das ja anders mit unseren Kollektenkasten, die gewöhnlich nur einen schmalen Schlitz haben, durch den man seine Gabe stecken muß. Da können die Leute höchstens am Klang hören, ob es sich um eine Münze oder einen Geldschein handelt.

Für Jesus ist es unwichtig, ob man die Opfergabe mit der Hand zudeckt. Jesus schaut zu, und er vermag durch unsere Hand hindurchzublicken. Haben wir schon einmal daran gedacht, wenn wir am Opferkasten vorbeigingen, daß Jesus uns beobachtet?

Damals im Tempel zu Jerusalem gingen viele Reiche vorbei, und sie gaben großzügig. Das war sicher schön und gut. Aber will Gott von seinen Kindern nicht mehr?

Jene Leute hatten im Gotteshaus bestimmt einen Segen empfangen. Sie hatten mitgesungen und gebetet. Sie waren durch die Gesetzeslehrer belehrt worden. Sie hatten die herrlichen Gesänge des Tempelchores gehört. Und sie waren klug genug, um zu wissen, daß dieser komplizierte Tempelbetrieb viel Geld kostete. Die Gebäude waren instand zu halten, und die Priester und Tempeldiener mit ihren Familien mußten versorgt werden. Außerdem durfte der ganze religiöse Betrieb nicht ohne Schmuck und die nötige Würde ablaufen. Das Gotteshaus sollte nicht Mangel leiden, und wer von Gott mit irdischen Gütern gesegnet worden war, der wußte sich verpflichtet, einen angemessenen Beitrag an die Bedürfnisse seiner Kirche zu leisten. Das alles war schon immer so gewesen. Was sollte daran nicht in Ordnung sein?

Jesus schaut zu und beobachtet, und plötzlich sieht er die Witwe. Wahrscheinlich macht sie kein großes Aufheben, wie sie am Opferkasten vorbeigeht. Sie braucht nicht lange zu überlegen, ob sie viel oder wenig in den Kasten stecken soll. Zwei kleine Kupfermünzen sind ihr ganzes Vermögen. Damit könnte sie sich heute eine einzige magere Mahlzeit leisten. Sie kann nicht beides, sich satt essen und eine Gabe für Gott spenden. Entweder das eine oder das andere.

Doch der Frau fällt die Entscheidung nicht schwer. Sie ist ihrem Gott von Herzen dankbar für alles, was er an ihr getan hat. Sie liebt den Gott Israels mit ganzer Seele. Sie weiß, daß sie jeden Tag von der gütigen Hand dieses Gottes ihr Stücklein Brot erhält. Sie hat keine Angst, verhungern zu müssen. Sie legt ihr ganzes Vermögen in den Gotteskasten. Sie tut es nicht aus Zwang, sondern aus Glauben und Liebe.

Vielleicht war die Witwe froh, daß sie nicht mit den andern Gebern in Reih und Glied antreten mußte, jeder nach der Größe seiner Gabe eingestuft. Sie hätte ja ganz hinten stehen müssen.

Aber Jesus hat sie gesehen. Wahrscheinlich hat er sie nicht angesprochen. Aber vor den erstaunten Jüngern macht er deutlich, welche Reihenfolge vor Gott gilt. Die arme Witwe mit den zwei Kupferstücklein steht ganz vorne. Sie hat am meisten gegeben. Sie hat aus innerem Trieb Gott alles geopfert, was sie hatte. Mehr kann man nicht tun.

Die Scherflein der armen Witwen sind die Opfergaben, die vor Gott am höchsten gelten. Jener armen Frau, deren Namen wir nicht kennen, hat Jesus ein unvergängliches Denkmal gesetzt.

Es gab sie zu allen Zeiten, jene schlichten, ganzen Menschen, die ihr Scherflein Gott weihten. Wenn doch auch einige von denen, die viele Güter haben, sich die arme Witwe zum Vorbild nähmen, dann litte die Sache der Gemeinde Jesu Christi keinen Mangel. Und dann würde auch manches in der Welt anders aussehen!

16. Sollen wir den Zehnten geben?

In meiner Heimat hörte ich früher die Leute gelegentlich sagen: „Es liegt einfach kein Segen drauf." Man hatte etwa von einem Menschen gesprochen, der trotz allen Einsatzes und aller scheinbaren Tüchtigkeit zu nichts kam. Es gibt solche Leute – und zeitweilig zählen wir selbst dazu –, die sich müde strampeln und doch nicht vorankommen. Im Grunde sind sie nicht ungeschickt, aber irgendwie scheint bei ihnen die Sonne immer zur falschen Zeit, eine Pechsträhne löst die andre ab.

Wir müssen uns unbedingt hüten vor der falschen Theorie: Gott belohnt die Frommen und bestraft die Bösen! Schweres Unglück kann auch fromme Menschen treffen, und gewissenlose Geldmenschen können ihre schmutzigen Geschäfte manchmal lange Zeit ungestraft treiben.

Es kann aber auch ein Körnchen Wahrheit drinliegen, wenn man feststellt: Es liegt offenbar kein Segen drauf. Es kann sein, daß wir irgendein Lebensgebiet nicht nach Gottes Willen geordnet haben und dadurch einen Segen, den Gott uns schenken möchte, aufhalten. So haben zum Beispiel viele Christen nicht begriffen, welch ein Segen darauf liegt, wenn man den Zehnten gibt.

Dem alten Volk Israel war der Zehnte durch das Gesetz vorgeschrieben. Der Israelit sollte den zehnten Teil seiner Ernte, den zehnten Teil aller Erträge aus seinen Viehherden und aus seinen Geschäften ins Gotteshaus bringen. Dieses Geld sollte für den Unterhalt des Tempels, der Priester und Leviten und für die Unterstützung der Armen verwendet werden.

Wir wissen nicht, wie genau die Leute es damals mit dieser Abgabe nahmen. Die Propheten mußten oft tadeln, daß man die Armen unterdrücke und ausnütze, anstatt sie zu versorgen. Wenn das Volk eine geistliche Erneuerung erlebte, dann erwachte auch ein neuer Eifer im Geben des Zehnten.

Maleachi, der letzte Prophet des Alten Testaments, muß seinem Volk im Auftrag Gottes zurufen: „Ist's recht, daß ein Mensch Gott täuscht, wie ihr mich täuscht? So sprecht ihr: Womit täuschen wir dich? Am Zehnten und Hebopfer. Darum seid ihr auch verflucht, daß euch alles unter den Händen zerrinnt, denn ihr täuscht mich allesamt. Bringt aber die Zehnten ganz in mein Kornhaus, auf daß in meinem Hause Speise sei und prüfet mich hierin, spricht der Herr Zebaoth, ob ich euch nicht des Himmels Fenster auftun werde und Segen herabschütten die Fülle" (Mal. 3,8-10).

Nach dem Gesetz mußte das Volk Israel seinem Gott den Zehnten abliefern, und es beleidigte ihn, wenn es diese Pflicht versäumte.

Jesus hat nicht gegen das Geben des Zehnten gesprochen. Die Pharisäer warfen ihm allerlei Gesetzesüberschreitungen vor, aber in dieser Hinsicht hatten sie anscheinend nichts auszusetzen.

Den Schriftgelehrten und Pharisäern wirft Jesus Heuchelei vor, weil sie Kleinigkeiten wie Küchenkräuter verzehnten, dagegen aber die schweren Brocken des Gesetzes, Gerechtigkeit, Barmherzigkeit und Glauben vernachlässigen. Er rät ihnen aber nicht, die Kleinigkeiten wegzulassen, sondern sagt im Gegenteil: „Dies sollte man tun und jenes nicht lassen."

Bei den Anweisungen, die die Apostel den ersten Christengemeinden geben, finden wir nirgends eine Andeutung auf den Zehnten. Das neue Volk Gottes ist nicht mehr an die Buchstabengesetze des Alten Testaments gebunden. Doch wir verachten die alten Gesetze nicht, sondern sehen in ihnen vielmehr die Schattenbilder wichtiger geistlicher Wahrheiten und Zusammenhänge auch für unsere Zeit und Welt.

In der Bergpredigt sagt Jesus mehrmals: „Ihr habt gehört, daß zu den Alten gesagt ist, ich aber sage euch." Und dann setzt er das Gesetz nicht außer Kraft, sondern zeigt, daß es für unsere Zeit eine viel umfassendere, tiefere Bedeutung hat.

Der Gläubige des Alten Testaments denkt: „Ein Zehntel des Ertrags gehört Gott, neun Zehntel gehören mir." Der Jünger Jesu weiß: „Alles, was ich habe, gehört Gott." Und weil das so ist, sondert er gerne in Liebe und Dankbarkeit einen Teil dessen, was Gott ihm anvertraut hat, ab für den Bau des Reiches Gottes. Dabei weiß er, jene Zahl, die Gott seinem Volk im Alten Testament nannte, der Zehnte, entspricht einem gesunden Verhältnis. Wenn der Jünger Jesu hier andere Proportionen setzt, dann höchstens nach oben und nicht nach unten.

Es gibt recht viele Kirchen und christliche Bewegungen, die von ihren Gliedern die Ablieferung des Zehnten verlangen. Eine solche Vorschrift scheint mir aber nicht dem Geist des Neuen Testaments zu entsprechen. Hingegen scheint es mir in Ordnung, ja es ist sehr zu empfehlen, in persönlicher Entscheidung und Verantwortung vor Gott den Entschluß zu fassen, den Zehnten von allen Erträgen abzuliefern. Wer es gewagt hat, nach dieser Ordnung zu handeln, der durfte immer wieder erfahren, daß Gott sein Versprechen einlöst: „Prüft mich doch, ob ich euch nicht des Himmels Fenster auftun und Segen herabschicken werde die Fülle."

Das Geben des Zehnten wird für den Geber zum großen Erleben. Jemand bezeugt: „Das Geben des Zehnten hat mein zeitliches und geistliches Vorwärtskommen wunderbar gesegnet." Ein anderer bekennt: „Seit einem Jahr gebe ich den Zehnten, und ich wurde mehr gesegnet als in meinem ganzen Leben vorher." Ein dritter Zeuge berichtet: „Ich durfte den Segen des Zehnten nach innen und nach außen in einer Art und Weise erleben, daß ich nur loben und danken kann. Wo ausweglose Dunkelheit war und ich nicht wußte, was mir die Zukunft bringen würde, wo es nach menschlichem Ermessen wenig Hoffnung geben konnte, weiterzukommen und ich vor dem Nichts stand, da hat Gott seine Verheißung eingelöst und Segen herabgeschüttet."

Wahrscheinlich gibt es unter den Gläubigen mit bescheidenem Einkommen mehr, die treu den Zehnten entrichten, als unter den wohlhabenden Christen. Ein Mann mit einer großen Kinderschar und einem sehr bescheidenen Einkommen sagte: „Wir wären nicht durchgekommen, wenn wir nicht treu den Zehnten gegeben hätten."

Ein Gottesmann schreibt: „Die Gewohnheit, den Zehnten zu geben, wird bestätigt durch die Schrift vor dem Gesetz, unter dem Gesetz und nach dem Gesetz. Sie hilft einen Charakter zu formen, der Gott ehrt."

Was ist der Zehnte? Viele Leute meinen, das sei der Zehnte von dem, was übrigbleibt, nachdem man Nahrung, Kleidung, Steuern und Anschaffungen usw. bezahlt hat. Der Zehnte des Alten Testaments war anders gemeint: Der Bauer, der tausend Garben geerntet hatte, sollte hundert Garben dem Herrn opfern. Der Viehzüchter, der fünfzig junge Tiere in seiner Herde großgezogen hatte, sollte fünf davon abgeben.

Wir sollten aber nicht, wie einige Leute es tun, mit dem Zehnten Gottes Wohltat erkaufen wollen. Es liegt ein großer Segen auf dem Zehnten, aber dies soll nicht unser Antrieb zum Geben sein. Weil wir den Herrn lieben und weil uns der Bau seines Reiches das wichtigste Anliegen ist, darum geben wir fröhlich dem Herrn, was ihm gehört. Wir dürfen aber kindlich erwarten, daß der Herr seine Verheißung einlöst. Er wird Segen ausgießen bis zum Übermaß.

Sein Wort lädt uns ein, es mit dem Herrn zu versuchen. Wir werden staunen, wenn er die Fenster des Himmels auftun wird.

17. Gib regelmäßig und vernünftig!

An einem Erntedankfest hatte ich die Gemeinde aufgefordert, freudig und großzügig ein Opfer für die Gemeindearbeit einzulegen. Ein Zuhörer sagte nachher zu mir: „Bei mir erreichst du nichts, wenn du auf den Geldbeutel klopfst. Ich weiß schon, was ich zu tun habe, aber wenn ich merke, daß der Prediger es auf mein Geld abgesehen hat, dann hört der Spaß auf."

Ob der Mann recht hat? Denken viele Leute so wie er? Beim nächsten Erntedankfest sagte ich kein Wort von Geld. Folge: Die Kollekte war viel geringer als in all den vorhergehenden Jahren.

Anscheinend sind nicht alle Leute so überempfindlich wie jener Mann. Sie wollen sich gerne zur Opferbereitschaft ermahnen lassen, und sie sind auch dankbar zu wissen, wofür das Geld gebraucht werden soll, das sie der Gemeinde anvertrauen.

Ich werde mich also nicht mehr so schnell einschüchtern lassen. Übrigens gibt mir das Neue Testament, das meine Richtschnur ist, auch diesbezüglich klare Anweisungen. Sowohl Jesus wie die Apostel haben über den Umgang mit Geld und über das Opfern für die Sache des Herrn Anleitungen gegeben.

1. Gib im Verborgenen

Jesus sagt: „Hütet euch davor, Gutes nur deshalb zu tun, um von den Menschen bewundert zu werden. Denn dann habt ihr keinen Lohn mehr von eurem Vater im Himmel zu erwarten.

Wenn du also jemand hilfst, dann hänge es nicht an die große Glocke. Tue es so unauffällig, daß nicht einmal dein bester Freund etwas davon erfährt. Dein Vater, der auf das Verborgene sieht, wird dich dafür belohnen" (Matth. 6,1-4).

Wir geben aus Liebe zum Herrn und zu seiner Sache und aus Erbarmen mit den Menschen, die in Not sind. Wenn wir überhaupt etwas zu geben haben, verdanken wir es der gütigen Hand Gottes. Als König David das reiche Opfer seines Volkes für den Tempelbau in Empfang genommen hatte, rief er aus: „Was bin ich, was ist mein Volk, daß wir sollten vermögen, freiwillig so viel zu geben? Von dir ist alles gekommen, und von deiner Hand haben wir dir's gegeben" (1. Chron. 29,14).

Manche Kirchen und christlichen Anstalten machen großen Lärm, wenn ein reicher Freund ihnen eine besonders großzügige Gabe gibt. Mir ist dabei immer etwas ungemütlich. Es kann gefährlich werden, wenn die Menschen sehen, daß wir große Gaben geben. Viele Spender verbieten dem Empfänger, ihren Namen zu nennen.

Im Verborgenen geben bedeutet aber nicht, daß man nicht mit den nächsten Angehörigen offen besprechen sollte, wenn man als Familie einen größeren Einsatz an Geld leisten will. Es ist auch richtig, daß Mann und Frau, die gemeinsam mit recht bescheidenen Mitteln auskommen müssen, sich darüber einig werden, welchen Betrag sie für die Gemeinde und für die Mission abzweigen wollen.

Aber darüber hinaus wollen wir an der Regel Jesu festhalten: „Laß deine linke Hand nicht wissen, was die rechte tut!" (Matth. 6,3b)

2. *Gib planmäßig*

Wer planmäßig opfert, überschaut seine finanziellen und geschäftlichen Verhältnisse, sein Gehalt oder seinen Gewinn, und faßt dann in ernster Verantwortung vor Gott und vielleicht auch nach Besprechung mit seinem Ehepartner einen

Entschluß, wieviel er im Lauf der nächsten Periode, vielleicht während eines Jahres, geben will. Den einmal gefaßten Vorsatz versucht er mit allen Mitteln auszuführen. Wenn's sein muß, schränkt er sich eher auf einem anderen Gebiet ein, als daß er an dem Posten, den er fürs Reich Gottes eingeplant hat, etwas abstreicht.

Ich habe von einem jungen Bauern gehört, der mit seiner Frau einig geworden war, für den Lebensunterhalt eines Missionars aufzukommen. Da kam die junge Familie durch eine Unwetterkatastrophe in Bedrängnis. Das Geld reichte kaum noch fürs Nötigste. Die Familie beschloß, für ein Jahr ein Darlehen bei der Bank aufzunehmen, um damit die Besoldung des Missionars zu bestreiten. Das war eine mutige Glaubenstat, und Gott hat sie wunderbar gesegnet.

Allzu viele Christen geben für Kirche, Mission und Hilfswerke je nach ihrem augenblicklichen Gefühl und nach den zufälligen Umständen. Sie handeln nicht verantwortungsbewußt, und wahrscheinlich irren sie sich, wenn sie meinen, sie gäben eigentlich ganz großzügig. Wenn sie einmal über mehrere Jahre zusammenzählen würden, wieviel und wofür sie Geld geopfert haben, würden viele erschrecken und erkennen, daß sie ihre Pflicht versäumt haben.

3. Gib regelmäßig

Wer Tageseinnahmen hat oder ein monatliches Gehalt empfängt, wird gut tun, den Betrag, den er für Gott abzweigen möchte, vorneweg auf die Seite zu legen. Wenn wir warten, um zu sehen, ob am Monatsende noch etwas übrigbleibt, ist es meistens zu spät.

Wer den Betrag vorweg absondert, hat beim Gottesdienstbesuch stets etwas zur Verfügung und kann auch christliche Liebeswerke und Missionen regelmäßig unterstützen. Der Bauer wird seine Verpflichtungen wohl in größeren Abständen erfüllen, je nachdem er aus Stall und Feld besondere Einnahmen tätigt.

Den Lehrlingen und Studenten möchte ich empfehlen, schon frühzeitig zu beginnen, regelmäßig vom kargen Taschengeld etwas für Gott auszusondern. Wer dies im Glauben wagt, wird erstaunliche Erfahrungen machen, und diese gute Gepflogenheit später, wenn er über viel größere Geldbeträge verfügt, als stille selbstverständliche Verpflichtung freudig weiterführen.

4. *Gib verantwortungsbewußt*

Wir werden wohl alle überflutet mit Spendenaufrufen verschiedenster Art. Wie verteilen wir nun die Summe, die uns zur Verfügung steht, sinnvoll? Schicken wir die größte Summe an die Leute, die die farbigsten Bettelbriefe und die gefühlvollsten Hilferufe ausschicken?

Wer zum Glauben an den Herrn Jesus Christus kommt, soll sich einer Gemeinde gleichgesinnter Brüder und Schwestern anschließen. Dort findet er seine geistliche Heimat, dort wird er erbaut und ermahnt, und dort trägt er auch mit an den vielfältigen Aufgaben des Reiches Gottes. Zuerst ist er also verpflichtet, die Geldmittel mit aufzubringen, die seine Gemeinde nötig hat.

Wenn eine Gemeinde lebendig, tätig und im Aufbau begriffen ist, hat sie viele materielle Bedürfnisse, und jedes Glied trägt nach seinen Möglichkeiten mit. Jene Dienstzweige und Glaubenswerke, die unsere Gemeinde aufgebaut hat, und für die sie immer noch verantwortlich ist, muß ich mittragen. Ich bin verpflichtet, dafür zu sorgen, daß die Missionare, die von unserer Gemeinde ausgegangen sind, versorgt werden, daß unsere Liebeswerke und unsere Schulen mit allem Nötigen versorgt sind. Evangelistische Vorstöße meiner Gemeinde dürfen nicht durch Mangel an Geld aufgehalten werden.

Natürlich ist es richtig, wenn darüber hinaus von Zeit zu Zeit auch ein anderes Missionswerk von uns mitgetragen wird, irgendeine Sache, die uns besonders lieb ist und die der Herr uns aufs Herz gelegt hat.

Hie und da begegnen wir vielleicht einer besonderen Not, oder ein wichtiges Anliegen wird uns eindringlich nahegebracht, doch der persönliche Opferkasten ist leer, denn die regelmäßigen Verpflichtungen haben ihn voll beansprucht. Dann greifen wir fröhlich einmal mehr in unsere allgemeine Kasse und verzichten vielleicht auf eine Anschaffung oder eine Liebhaberei, und zwar nicht mißmutig oder aus Zwang. Die Bibel sagt: „Lasset uns Gutes tun und nicht müde werden, denn zu seiner Zeit werden wir auch ernten ohne Aufhören. Da wir denn nun Zeit haben, so laßt uns Gutes tun an jedermann, allermeist aber an des Glaubens Genossen" (Gal. 6,9-10).

18. Kinder lernen mit Geld umgehen

In der Bibel wird uns von zwei Müttern berichtet, die wußten, daß sie ihr Kind nur für die kurzen ersten Lebensjahre bei sich behalten durften: Jochebed, die Mutter Moses, mußte damit rechnen, daß ihr Sohn bald an den Hof Pharaos geholt und dort in heidnischer Umgebung aufwachsen würde. Hanna, die Mutter Samuels, hatte ihr Kind schon vor der Geburt dem Dienst des Herrn geweiht. Sie wußte, daß bei der Stiftshütte die Söhne Elis ihr gottloses Wesen trieben.

Die Bibel berichtet kaum etwas über die Erziehungsmethoden der beiden Frauen. Bestimmt hat Gott sich ihre Kinder zu besonderem Dienst auserwählt, und es ist ein Wunder Gottes, daß sie zu der geistlichen Größe herangewachsen sind und ihren Auftrag erfüllen konnten. Gott hat aber sicher auch die frommen Mütter dazu gebraucht, die Knaben früh auf den Weg des Glaubensgehorsams zu lenken. Vieles von dem, was Mose und Samuel in ihren Entscheidungen später beeinflußte, war ihnen durch die fromme Mutter eingepflanzt worden.

Auf wie vielen Lebensgebieten werden unsere Kinder geprägt durch das Vorbild und die Anleitung der Eltern. Wie heißt es im Sprichwort: „Was Hänschen nicht gelernt, lernt Hans nimmermehr!"

Geld ist nicht die Hauptsache, das müssen unsere Kinder von uns lernen. Wenn am Familientisch ständig von Geld die Rede ist, ob man nun viel oder weniger habe, dann färbt das auf das Denken der Kinder ab. Sie erhalten den Eindruck, Geld sei eben doch das Wichtigste. Eltern, die dem Mammon dienen, brauchen dies gar nicht laut zu erklären, man merkt es an ihrem Verhalten, und es besteht gute Aussicht, daß ihre

Kinder noch schlimmere Mammonsknechte werden als sie.

Geld darf nicht die Hauptsache sein, aber es ist wichtig genug, daß unsere Kinder lernen müssen, richtig damit umzugehen. Das gehört zu ihrer Erziehung, zur Lebenstüchtigkeit. Sie müssen ein richtiges Verhältnis zum Geld finden, weder zu respektvoll noch zu geringschätzig.

Verantwortungsbewußte Eltern werden ihren Kindern von Jahr zu Jahr mehr Zusammenhänge erklären. Sie werden ihnen zeigen, welch praktisches Zahlungsmittel das Geld ist, zugleich aber auch, welch ein Fluch über die Menschen kommt, wenn sie der Geldliebe verfallen.

Schon im Alter von drei bis fünf Jahren macht das Kind seine ersten Erfahrungen mit dem Geld. Es lernt, daß man sich mit Geld allerlei Schönes und Süßes kaufen kann. Es erfährt, daß man sich mit viel Geld Annehmlichkeiten leisten kann, die mit wenig Geld unerreichbar bleiben.

Es ist falsch und verdirbt den Charakter, wenn ein Kind so erzogen wird, daß es für jede Leistung belohnt oder gar bezahlt werden will. Es muß vielmehr lernen, daß jedermann selbstverständliche Pflichten hat, für die er weder Lob noch Lohn erwarten soll. Es sollte auch lernen, daß man helfend einspringt, wo man gebraucht wird, ohne ständig zu fragen: Wieviel kriege ich dafür. Wenn man dann gelegentlich für eine besonders großartige Leistung, eine unangenehme Arbeit oder eine lange, ständig wiederkehrende Dienstleistung eine hübsche klingende Belohnung aushändigt, schafft das Freude und spornt zugleich zu neuen Leistungen an.

Es gibt ja heute noch Millionen von Kindern, die kaum Zeit haben zum Spielen, weil sie schon mithelfen müssen, ihre Familie zu ernähren. Ich vergesse nie die kleinen Mädchen, die ich in Marokko reihenweise an Webstühlen sah, wie sie von früh bis spät mit flinken Fingern aber traurigen, stumpfen Gesichtern ihre Arbeit verrichteten.

Kinder sollten früh zum Helfen bei täglichen Pflichten angehalten werden, doch sollten sie nicht zu früh anfangen, Geld zu verdienen.

Es ist zwar vernünftig, wenn größere Kinder sich ein teures Spielzeug oder ein Sportgerät, das sie sich schon lange wünschten, in den Schulferien selbst verdienen; doch mir scheint, das ständige Trachten nach mehr Geld, nur um sich noch komfortabler einzurichten und um sich noch mehr leisten zu können, verführt unsere Kinder dazu, sich allzu stark ins Räderwerk der heutigen Genießergesellschaft hineinreißen zu lassen.

Ich glaube, es ist richtig, schon den Schulkindern Taschengeld zu geben. Man fängt mit ganz kleinen wöchentlichen Summen an und steigert im Lauf der Jahre den Betrag zu einem kleinen Monatsgeld. Man rät dem Kind, über seine Ausgaben Buch zu führen, doch würde ich diese Notizen nicht immer kontrollieren. Sollte aber das Kind den Wunsch nach mehr Taschengeld äußern, dann würde ich zunächst eine klare Aufstellung der Ausgaben über einige Zeit verlangen. Man muß lernen, mit dem Vorhandenen auszukommen oder zusätzliche Bedürfnisse nachzuweisen.

Wer Kinder einkaufen schickt, sollte von ihnen genaueste Abrechnung verlangen, sonst verleitet man sie zu kleinen Betrügereien oder gar zu Diebstahl.

Zum gesunden Umgang mit Geld gehört auch das Verzichtenlernen. Davon haben leider viele Kinder keine Ahnung. Man meint, wenn einen nach etwas gelüstet, dann müsse man es auch gleich kaufen. Aber erstens kann man das nicht immer, und zweitens muß man lernen, auch dann zu verzichten, wenn man sich eine Anschaffung leisten könnte.

Gläubige Eltern werden ihre Kinder frühzeitig zum Geben anleiten. Die meisten Kinder geben ganz gern ab, wenn sie richtig verstehen, wofür ihr Geld gebraucht wird. Es wäre übertrieben, von den Kindern zu fordern, daß sie jedes Geldstück sofort in die Missionsbüchse legen. Das Kind wird noch nicht planmäßig für die Sache Gottes opfern. Es gibt spontan, gerade dort, wo sein Herz für eine Sache erwärmt worden ist. Das Kind soll lernen, nicht gefühllos an der Not anderer Menschen vorüberzugehen. Was aber noch viel schwieriger ist, es soll lernen, aus seinen wohltätigen Gaben keine laute Sache zu machen.

Es hilft natürlich viel, wenn am Familientisch die Bedürfnisse der Gemeinde und der Mission besprochen werden und wenn die Eltern im Opferdienst Vorbild sind. Wenn auch das Kind vieles noch nicht versteht, übt es bereits gesunde, heilige Gewohnheiten ein, die sich fürs ganze Leben einprägen.

Gläubig gewordenen Kindern sollte man bald klarmachen, daß sie ihren eigenen Gemeindebeitrag leisten müßten, wäre er auch noch so klein. Es scheint mir nicht gesund, wenn der Vater immer am Sonntagmorgen der ganzen Familie das Kollektegeld auszahlt, das den einzelnen weiter nichts kostet.

Wir geben unseren Kindern ein wertvolles Stück christlicher Lebensweisheit mit, wenn wir ihnen das Geben zur fröhlichen Selbstverständlichkeit machen. Damit helfen wir zugleich mit, das Bewußtsein zu wecken, daß Gott wirklich Herr ist über all unsere Lebensgebiete.

19. Bestelle dein Haus (Testament)

Hiob, einst ein reicher Mann, hatte innert weniger Stunden sein ganzes Vermögen verloren. Da rief er aus: „Nackt bin ich geboren, nackt werde ich dahinfahren." Ja, so ist es mit uns Menschen. Nackt müssen wir dahinfahren. Als Bettler verlassen wir diese Welt, auch wenn uns kurz vor dem Sterben nichts von unserem Reichtum geraubt worden ist.

Ob wir viel oder wenig Vermögen aufgehäuft haben, einmal müssen wir alles zurücklassen. Unser Totenhemd hat keine Taschen. Und wenn man uns auch einige unserer Lieblingsgegenstände mit in den Sarg legte, wir könnten sie doch nicht mitnehmen. Sie werden mit unserem Leichnam im Grab vermodern, während unser Geist vor seinen Schöpfer treten muß, um Rechenschaft abzulegen. Darum fordert Jesus uns auf: „Sammelt euch Schätze im Himmel, wo weder Motten noch Rost, noch Diebe sie antasten können" (Matth. 6,19).

Bedeutet das etwa, daß wir uns mit unserem guten Geld einen Ehrenplatz im Himmel erkaufen sollen? Ach, wenn das möglich wäre, dann möchte ich allen raten: Verpaßt die Gelegenheit nicht! Legt euer Geld im Himmel an! Tauscht, bevor es zu spät ist, euren schnöden Mammon ein gegen einen Dauerwohnplatz im Himmel. Lieber die Ewigkeit in der hintersten Ecke des Himmels zubringen, als hier auf Erden in Palästen und auf goldenen Thronen sitzen und im Himmel nicht zugelassen werden.

Aber o weh, für gutes Geld kann man sich zwar auf Erden fast alle Wünsche erfüllen, doch der Himmel läßt sich nicht erkaufen. Die Türe des Himmels öffnet sich uns nur, wenn wir unsern Herrn Jesus Christus im Glauben annehmen, unsere

Sündenschuld durch sein heiliges Blut abwaschen lassen, und wenn er uns als ihm zugehörig in sein Lebensbuch einschreibt.

Weil wir in Jesus Christus einen unvergänglichen Schatz im Himmel haben, brauchen wir nicht nach vergänglichen, irdischen Schätzen zu jagen. Wir haben wahrlich Wichtigeres zu tun.

Sollte uns aber durch den Segen Gottes und durch treue Arbeit ein gewisses Vermögen zugefallen sein, und sollte dies nicht durch kostspielige Altersbeschwerden aufgebraucht werden, dann fällt uns noch die Pflicht zu, rechtzeitig, klar und weise zu bestimmen, was mit unserem irdischen Besitz geschehen soll. Leider begehen viele gläubige Menschen den schweren Fehler, daß sie keine oder nur ungenügende Schritte unternehmen, um ihren irdischen Besitz so zu verteilen, wie es am besten zur Ehre Gottes dient.

Wer einen Ehepartner oder hilfsbedürftige Angehörige zurückläßt, muß schriftlich festlegen, welche Unterstützungen er ihnen zukommen lassen möchte. Wer alleinsteht, sollte sein Geld nicht entfernten Verwandten überlassen, sondern es für die Bedürfnisse seiner Gemeinde, der weltweiten Mission und der christlichen Liebestätigkeit bestimmen. Wenn wir ein Leben lang eifrig in der Gemeinde mitgearbeitet und uns an vielen Zweigen der Weltevangelisation lebhaft beteiligt haben, dann wissen wir, wo gerade besondere Not herrscht, die man mit einer letztwilligen Verfügung etwas lindern kann.

Es geht nicht darum, daß man nachträglich als hochherziger Gönner gelobt und vielleicht sogar in der Zeitung erwähnt werden möchte. Es geht einzig und allein darum, daß das Reich Gottes den ersten Platz haben soll in allen Dingen, also auch in unserem Testament.

Ich denke, daß Eltern, deren Kinder erwachsen und finanziell unabhängig sind, sich noch zu Lebzeiten fragen sollten, ob sie nicht jetzt schon einen bedeutenden Teil ihres Vermögens für die Sache des Reiches Gottes einsetzen können. Dies natürlich nur nach sorgfältiger Überlegung und offener Besprechung mit den Kindern. Es ist klar, daß man gerade in jungen Familien ein anfallendes Erbe von den Eltern meist gut gebrauchen kann. Vielleicht sind die Enkel in der Ausbildung und kosten viel Geld usw.

Wenn aber die Kinder gläubig sind und zu ihren Eltern ein herzliches, offenes Verhältnis haben, werden sie wahrscheinlich gerne einwilligen, daß das Vermögen der Eltern zu einem großen Teil dem Bau des Reiches Gottes zufließt.

Wenn man in Geldsachen etwas ungeschickt ist und nicht recht weiß, wie man es anpacken soll, um klare Verhältnisse zu schaffen, kann man einen erfahrenen geistlichen Berater um Hilfe bitten. In Amerika haben viele große Kirchen einen Pfarrer, der vollzeitlich damit beschäftigt ist, von Gemeinde zu Gemeinde zu reisen und den betagten Gläubigen mit Rat und Hilfe beizustehen, wenn sie ihr Testament nach gesunden geistlichen Prinzipien aufstellen möchten. Es ist nicht die Aufgabe dieser Seelsorger, möglichst viel Geld für ihre Kirche sicherzustellen, sondern vielmehr, den alten Geschwistern zu helfen, damit sie ihre Lage überblicken und ihre Entscheidungen in der Verantwortung vor Gott treffen können.

Da die Gesetze in Bezug auf Testament und Erbschaftsrecht von Land zu Land verschieden sind, muß man sich auch beraten lassen über die geltenden gesetzlichen Vorschriften. Welche Form muß ein Testament haben, damit es rechtlich unanfechtbar ist? Wo bestehen noch Verpflichtungen von früher her, an die man vielleicht kaum noch dachte? Welche Maßnahmen muß man treffen, damit letztwillige Verfügungen respektiert werden und nicht von einem einzelnen unzufriedenen Erbanwärter zunichte gemacht werden können?

Ich weiß von mehreren wohlhabenden Geschäftsleuten, die, als sie sich zur Ruhe setzten, ihr ganzes Vermögen einem christlichen Werk übergaben mit der einzigen Bedingung, daß dieses ihnen für die noch verbleibenden Lebensjahre eine angemessene Versorgung zusicherte. Auf diese Weise wurde das Geld, das als ein von Gott anvertrautes Talent verstanden war, schon frühzeitig dem Gott, der es geliehen hatte, zurückerstattet.

Mir scheint, daß gläubige Menschen sich viel weniger von den Gepflogenheiten der ungläubigen Gesellschaft, sondern mehr von den Grundsätzen des Reiches Gottes leiten lassen sollten, auch wenn sie ihren letzten Willen aussprechen oder aufschreiben. Das verschafft uns zwar nicht den Platz im Himmel, aber es zeugt von verantwortungsbewußtem Handeln. Irdische Dinge werden im Licht der Ewigkeit geregelt.

20. Sollen die Diener der Gemeinde bezahlt werden?

Eine Gemeinde hatte Schwierigkeiten mit ihrem Prediger. Sie verlangte, daß er etwas tue, was seiner Überzeugung widersprach. Als er sich beharrlich weigerte, warfen ihm einige Gemeindeglieder an den Kopf: „Wie können Sie sich denn so anmaßend gebärden? Sie sind schließlich von uns angestellt und bezahlt."

Da haben wir die alte Geschichte: „Wes Brot ich eß, des Lied ich sing", so heißt es gewöhnlich im Wirtschaftsleben. Wo sich in einer Gemeinde ein Pfarrer oder Prediger weigert, nach dieser Regel zu handeln, kann es schon mal ärgerliches Stirnrunzeln geben.

Sollte man am Ende besser keine bezahlten Diener haben? Einige Kirchen vertreten den Standpunkt, es sei ungesund und unbiblisch, wenn Prediger und Diakone sich von der Gemeinde bezahlen lassen.

Auf die Bibel kann man sich mit dieser Ansicht aber kaum berufen. Jesus hat zwar einmal gesagt: „Umsonst habt ihr's empfangen, umsonst gebt es auch" (Matth. 10,8b). Dies bezog sich aber auf die Heilung der Kranken und die Befreiung der Besessenen. An anderer Stelle hingegen hat Jesus ganz eindeutig gelehrt, daß jeder Arbeiter seines Lohnes wert ist.

Schon im Alten Testament heißt es: „Du sollst dem Ochsen, der da drischt, das Maul nicht verbinden" (5. Mose 25,4). An diese Stelle erinnert der Apostel Paulus zweimal, und er lehrt seine Gemeinden, daß die Diener, die einen vollen Einsatz leisten, das Recht haben, sich von der Gemeinde ernähren zu lassen.

Eine gesunde christliche Gemeinde ist eine Dienstgemeinschaft. Jedes Gemeindeglied hat vom Herrn bestimmte Gaben und Aufgaben erhalten. Es wäre schlimm, wenn man sich in der Gemeinde für jeden Dienst bezahlen lassen wollte. Es gibt aber Dienste der Leitung und Verkündigung sowie der Armenpflege, die einen Menschen so stark beanspruchen, daß ihm kaum noch die Möglichkeit bleibt, sich durch einen anderen Beruf sein Brot zu verdienen.

Die Gemeinde sollte ein offenes Auge dafür haben, wenn Brüder oder Schwestern in Bedrängnis geraten, weil der Dienst für den Herrn so zugenommen hat, daß ihnen kaum noch Zeit für etwas anderes bleibt.

In vielen unserer Gemeinden gab es früher keine bezahlten Prediger. Aber ich weiß, daß viele Brüder jahrelang unter der allzu großen Last seufzten. Ihre Familien mußten sogar darben, weil die Gemeinde nicht für sie sorgte. Diese Männer klagten zwar nie laut, aber sie seufzten vor dem Herrn, und das wirkte sich für die Gemeinden verhängnisvoll aus. Man lese einmal, was in Hebr. 13,17 steht!

Eine gesunde, von Bruderliebe erfüllte Gemeinde wird merken, wenn ihre Diener finanzielle Unterstützung brauchen. Und sie wird nicht warten, bis die Diener Forderungen stellen. Das werden sie wahrscheinlich sowieso nie tun.

Wenn eine Gemeinde einen Diener freistellt, so daß er seine Zeit ganz für die Gemeinde einsetzen kann, sollte man ihn nicht als eigentlichen Angestellten ansehen. Er ist zwar der Gemeinde gegenüber verpflichtet, nun treu und fleißig bei der Sache zu bleiben und nicht allerlei andere Hantierungen weiterzuführen. Was aber seine geistlichen Entscheidungen anbelangt, sollte er als Bruder und nicht als Lohnknecht verantwortlich gehalten werden.

Wenn die Gemeinde einen bezahlten, vollzeitlichen Pfarrer oder Prediger hat, besteht die Gefahr, daß man ihm fast alle wichtigen Aufgaben in der Gemeinde überträgt, manchmal nicht nur geistliche Dienste, sondern sogar die Kassenführung, die Reinigung der Kirchenräume usw. Und wenn man es nicht so weit treibt, so erwartet man doch, daß der Prediger als Fachmann alle Dienste der Verkündigung, der Lehre und Seelsorge übernimmt.

Dieses Ein-Mann-System muß aber unbedingt vermieden werden. Es ist eine Überforderung für den einen allein, auch wenn er ein tüchtiger Fachmann ist, und andererseits eine bedauerliche Vernachlässigung so vieler Gemeindeglieder, die auch geistliche Gaben haben, aber nicht eingespannt werden.

Wie groß muß eine Gemeinde sein, damit sie das Gehalt für einen vollzeitlichen Diener aufbringen kann? Wenn zehn Familien treu ihren Zehnten zusammenlegen, könnte damit bereits die Familie eines Seelsorgers versorgt werden. Allerdings hätte diese Gemeinde dann kaum noch Mittel für andere Aufgaben zur Verfügung.

Auf die Möglichkeit, daß der Staat die Entlöhnung der Gemeindediener übernimmt, will ich hier bewußt nicht eingehen. Diese Regelung läßt sich meiner Ansicht nach durch das Neue Testament nicht rechtfertigen. Es ist aber denkbar und empfehlenswert, daß eine große, finanzkräftige Gemeinde einer schwachen Gemeinde hilft, damit sie die Mittel zur Versorgung ihrer Mitarbeiter besser aufbringen kann.

Die Diener der Gemeinde haben zwar einen Anspruch auf materielle Versorgung durch die Gemeindeglieder. Aber sie sollten nicht ohne weiteres mit Bedingungen und Forderungen auffahren. Wir sollten uns den Apostel Paulus zum Vorbild nehmen: Er ist dankbar, wenn es Gemeinden gibt, die ihn versorgen. Aber sein Dienst ist nicht an diese Bedingung geknüpft. Er hat gelernt, sich an dem, was er hat, genügen zu lassen. Er kann satt sein und hungern, übrig haben und Mangel leiden (Phil. 4,11.12).

Wenn Paulus merkte, daß eine Gemeinde noch nicht stark genug war, dann wollte er ihr nicht zur Last fallen. In diesem Fall zog er es vor, Tag und Nacht zu arbeiten, d.h. tagsüber predigte er, und des Nachts verdiente er Geld durch sein Handwerk.

Bei einigen Gemeinden spürte er, daß die gesunde geistliche Gesinnung fehlte, und daß es seinem Dienst schaden könnte,wenn er eine Bezahlung annähme. Er verzichtete deshalb auf sein gutes Recht, um nicht durch Mißverständnisse dem Evangelium hinderlich zu werden.

Schon zur Zeit der ersten Christengemeinden traten Prediger auf, die von den Gemeinden nicht nur den notwendigen Lebensunterhalt forderten, sondern die aus ihrem geistlichen Dienst geradezu ein gutes Geschäft machten. Sie waren vielleicht tüchtig, und sie merkten, wie man es geschickt anstellen konnte, um die Leute zu gewinnen und auch ihr Geld lokker zu machen. Besonders die Irrlehrer hatten es darauf abgesehen, große Geldsummen aus den Gemeinden herauszuquetschen. Diese Sorte von scheinheiligen Betrügern ist bis heute nicht ausgestorben.

Leider muß noch eine Kategorie genannt werden, das sind die frommen Faulenzer. Sie haben den geistlichen Beruf gewählt, um sich die Hände nicht schmutzig machen zu müssen. Sie lassen sich von der Gemeinde bezahlen, doch leisten sie wenig. Sie sind nicht fähig noch willig, sich selbst eine zuchtvolle Arbeitseinteilung zu geben und diese auch einzuhalten. Sie können zwar recht vernünftige geistliche Reden halten, das haben sie schließlich gelernt, doch im übrigen möchten sie sich möglichst gemütlich einrichten. Die Last einer sterbenden Welt und die Leiden der Gemeinde kümmern sie kaum. Ihnen gilt das ernste Wort: „Wehe den Hirten Israels, die sich selbst geweidet haben! Sollten die Hirten nicht die Schafe weiden? Die Milch genießt ihr, mit der Wolle bekleidet ihr euch, und das Gemästete schlachtet ihr; die Schafe aber weidet ihr nicht" (Hes. 34,2b-3).

21. Wie sammelt die Gemeinde ihre Gelder?

Kann man den geistlichen Stand einer Gemeinde irgendwie messen? Nun, man kann vielleicht darauf achten, wie gut der Gottesdienstbesuch am Sonntagmorgen ist. Noch aufschlußreicher ist der Besuch der Gebetsstunden. Es ist bedenklich, wenn die Gemeindeglieder lieber zu Hause im Lehnstuhl sitzen, als zur Gebetstunde zu gehen.

Ein recht zuverlässiger Gradmesser für den geistlichen Stand einer Gemeinde ist aber auch ihr Geldhaushalt. Beobachte, wie eine Gemeinde ihr Geld sammelt, ob sie die nötigen Mittel hat, um ihre Aufgaben zu erfüllen. An der Art, wie eine Gemeinde ihre Geldmittel sammelt und verwaltet, läßt sich einiges ablesen.

In einer gesunden Gemeinde wird man Fragen des Geldes als geistliche Probleme behandeln. Man wird die Gemeinde lehren, daß das Geld des Christen Gott gehört. Man wird die Gemeinde dazu anleiten, die irdischen Güter brüderlich miteinander zu teilen, so daß ein gesunder Ausgleich geschieht. Man wird der Gemeinde auch zeigen, daß der Bau des Reiches Gottes finanzielle Verpflichtungen mit sich bringt.

Zur Zeit der ersten Christengemeinde herrschten noch ganz andere Verhältnisse als heute. Man hatte kaum Unkosten für Gebäude und für Löhne. Man sammelte aber bereits Geld für Missionsprojekte und für die Versorgung der Armen.

Wir können einige wichtige Grundsätze für die Behandlung von Geldfragen in der Gemeinde aus dem Neuen Testament herauslesen.

Jede Ortsgemeinde sollte ihre eigene Kasse und Rechnung führen. Sie sollte nach Möglichkeit für ihre Finanzen selbst verantwortlich sein. Wenn die Häuser einer Zentralverwaltung unterstehen und die Löhne von der Zentralkasse ausbezahlt werden, spürt die Ortsgemeinde ihre Verantwortung weniger deutlich, und die Opferfreudigkeit nimmt sehr oft ab. Für größere Aufgaben müssen sich die Gemeinden einer Region oder gar eines ganzen Landes zu einem Bund oder zu einer Landeskonferenz zusammenschließen. Um Missions- und Hilfswerke in fernen Ländern finanziell tragen zu können, ist es notwendig, daß mehrere Kirchen, ja manchmal sogar alle Kirchen eines Landes ihre Anstrengungen vereinen.

Es ist wichtig, daß die Gemeinde weiß, wofür sie geben soll. Es wäre aber nicht gesund, wenn jeden Sonntag eine Sonderaktion angekündigt würde. Doch die Verantwortlichen brauchen kein schlechtes Gewissen zu haben, wenn sie die Gemeinde immer wieder zu freudigem Opfer aufrufen. Die Bereitschaft zum Einsatz wird gefördert, wenn die Brüder und Schwestern regelmäßig informiert werden über den Fortgang der Arbeit in der Gemeinde und draußen auf dem Missionsfeld.

Welche Methoden wenden wir an, um das Geld für die Bedürfnisse der Gemeinde zu sammeln? Die Gemeindeglieder sollten angehalten werden, regelmäßige, freiwillige Opfer einzulegen, jeder nach seinen Möglichkeiten. Wir sollten keine Kirchensteuern erheben, weder mit Hilfe des Staates noch ohne dessen Hilfe.

Ein altbewährtes Mittel der Geldsammlung ist die Kollekte, die bei Gottesdiensten zusammengelegt wird. In manchen Kirchen ist der Opferkasten hinten beim Ausgang, und die Leute sind gewohnt, dort ihre Gabe beim Hinausgehen einzuwerfen. Mir gefällt es besser, wenn die Kollekte mitten im Gottesdienst erhoben wird, indem man ein passendes Sammelgefäß durch die Reihen gehen läßt. Diese Methode hat den Vorteil, daß die Gemeinde die Kollekte wirklich als einen Bestandteil des Gottesdienstes empfindet. Auch wenn man sein Geld erst nach dem Schlußgebet einlegt, sollte man diese Tat als Teil des Gottesdienstes verstehen.

Leider stehen für das Einsammeln der Kollekte während des Gottesdienstes oft keine passenden Gefäße zur Verfügung: weder offene Teller noch tiefe Stoffbeutel sind praktisch. Nach oben abgerundete, nicht allzu offene Holzschalen haben sich am besten bewährt.

In vielen Gemeinden ist es üblich, jede Woche oder jeden Monat Mitgliederbeiträge einzusammeln. Man teilt regelmäßig an alle Mitglieder Tüten aus, die nur die Mitgliedsnummer tragen. Die Mitglieder stecken ihre Beiträge in die Tüten, und der Kassier trägt bei jedem Mitglied die eingegangenen Beträge ein. Am Jahresende zählt er zusammen und stellt jedem einzelnen eine Bescheinigung über die gespendete Gesamtsumme aus. Auf diese Weise ist es möglich, rechtzeitig zu erkennen, wenn bei einem Gemeindemitglied ein schwerer Mangel an verantwortlichem Mittragen vorhanden ist. Selbstverständlich müssen solche Probleme in seelsorgerlicher Verschwiegenheit behandelt werden. Es darf aber nach unserem Verständnis von wahrer Gemeinde nicht als reine Privatsache angesehen werden, ob ein Gemeindemitglied an den Lasten mitträgt oder nicht.

Die Gemeinde sollte dem Grundsatz treu bleiben, daß sie kein Geld von Nichtchristen annimmt. Darum kann sie für die Gemeindekasse keine Lotterien oder weltliche Vergnügungen durchführen. Leider hat man in vielen Gemeinden damit angefangen, den Leuten mit mancherlei Volksbelustigungen das Geld aus der Tasche zu ziehen, weil man auf diese Weise meint, schneller ans Ziel zu kommen, wenn man irgendein teures Projekt finanzieren möchte.

Ich würde es nicht als bedenklich ansehen, wenn wir gelegentlich von der Stadt oder von der Landesregierung eine Unterstützung annehmen, z.B. für eine soziale Arbeit, ein Bauvorhaben des Jugendwerkes usw., solange mit der Annahme des Geldes keine ungesunden Abhängigkeiten entstehen.

Wenn die Gebefreudigkeit nachläßt, müssen wir uns fragen, woran es liegen mag. Wir sollten die Leute nicht durch falsche Motive anfeuern, etwa indem wir bekanntgeben: Herr

Soundso hat soviel gespendet, und wieviel spenden Sie nun?

Es soll einem Mitglied auch möglich sein, sich an einer bestimmten Sache, der es nicht freudig zustimmen kann, nicht zu beteiligen. Dafür darf erwartet werden, daß es seinen Beitrag dort desto reichlicher bemißt, wo es von Herzen dabei ist.

Immer wieder stellt man fest, daß die Gläubigen gerne ihr Opfer bringen, wenn sie wirklich lebendiges Brot für die Seele erhalten. Wir machen dabei aber keinen Fischzug auf den Geldbeutel unserer Zuhörer, sondern wir wollen ihre Herzen gewinnen. Wenn das Herz für eine Sache brennt, wird die Hand sich freudig öffnen.

Trotzdem glaube ich, daß eine gewisse Erziehung zu regelmäßigem Opfern zum Gemeindebau gehört. Bis zu einem bestimmten Grad darf es auch eine Aufgabenteilung geben: Der eine hat wenig Geld, dafür gesunde Arme und eine kräftige Stimme, um der Gemeinde zu dienen; ein anderer kann wenig praktischen Einsatz leisten, dafür hilft er großzügig mit den Mitteln, die der Herr ihm zufallen läßt.

Gottes Wort ruft uns zu: „Alles, was ihr tut, das tut von Herzen, und tut es für den Herrn und nicht für Menschen" (Kol. 3,23).

22. Wie verwaltet die Gemeinde ihre Gelder?

Ein christliches Werk hatte einen neuen Sekretär angestellt. Er war ein tüchtiger junger Mann. Er beherrschte mehrere Sprachen, und er brachte neue Ideen und Schwung in die Sache. Nach wenigen Jahren mußte er entlassen werden. Was war geschehen? Man hatte festgestellt, daß mit den Spesen des Mannes einiges nicht stimmte. Er reiste gerne und unnötig in der Welt herum, wenn möglich mit dem Flugzeug, stieg in den teuersten Hotels ab und leistete sich das feudalste Essen.

Der Mann hatte vergessen, daß das Geld, das er ausgab, heiliges Geld war. Das christliche Werk, das ihn angestellt hatte, lebte von den Gaben der Gläubigen. Immer wieder hatte man durch geschickt abgefaßte Aufrufe die Christen ermutigt, den Aufbau des jungen Werkes zu fördern. Es wurde viel gespendet, auch von armen alten Mütterchen und von kinderreichen Familien mit niedrigem Einkommen. Ein großer Teil des Geldes wurde gebraucht, um das teure Leben des Sekretärs zu finanzieren.

Die christlichen Gemeinden, ihre Missionswerke, Schulen und Heime dürfen nie vergessen, daß sie mit Geld arbeiten, das Gott geweiht ist.

Gott geweihtes Geld muß äußerst sorgfältig verwaltet werden. Die Kassenführung muß einem der tüchtigsten Gemeindeglieder anvertraut werden. Ob Mann oder Frau, es muß eine Person sein, die mit ganzem Ernst dem Herrn Jesus nachfolgt und die auch etwas von Buchhaltung versteht.

Wenn man sein eigenes Geld verwaltet, kann man es mehr oder weniger genau nehmen. Nutzen oder schaden tut man ja dann nur sich selbst. Wer hingegen mit Geld umgeht, das für den Bau des Reiches Gottes bestimmt ist, muß peinlichst genau arbeiten. Auch die kleinsten Beträge müssen sofort und genau eingetragen werden. Wenn jemand Spenden erhält mit dem Auftrag, sie an ein bestimmtes Werk weiterzuleiten, muß der Spender eine Bestätigung erhalten, daß der Überbringer das Geld wirklich weitergeleitet hat.

Der Kassenführer muß für all seine Ausgaben Belege haben. Es hat nichts mit Mißtrauen zu tun, wenn man von jedermann, dem man Geld aushändigt, eine Unterschrift verlangt.

Mit den Kollekten, die bei den Veranstaltungen der Gemeinde erhoben werden, sollte man besonders sorgfältig umgehen. Es ist einfach unbegreiflich, daß man immer wieder unreife Jugendliche oder gar Schulkinder mit einem Hut oder einem Teller an den Ausgang des Saales stellt, wo die Leute ihre Gaben einlegen sollen. Damit bringt man die Jugendlichen in schwere Versuchung, und man verstößt gegen den Grundsatz verantwortlicher Geldverwaltung. Das Einsammeln und nachher auch das Zählen der Kollekte muß von absolut zuverlässigen Personen übernommen werden. In vielen Gemeinden gilt als Vorschrift, daß der Kassenführer die Kollekte nicht allein zählt, sondern zwei bis drei Helfer beizieht, die nachher den Beleg für die Kollekte mit unterzeichnen.

Für die Ausgaben muß klar festgelegt sein, wer zuständig ist. Der Kassenführer führt die Geschäfte aus, die durch den Gemeindevorstand oder die Gemeindeversammlung beschlossen wurden. Eine christliche Gemeinde und die von ihr betriebenen Werke müssen für wichtige Geschäfte stets saubere Verträge abschließen und sich dann unbedingt an die eingegangenen Verpflichtungen halten. So etwas sollte eigentlich selbstverständlich sein, ist es in der Praxis aber leider sehr oft nicht.

Die Gemeinde muß dafür sorgen, daß es in ihren Reihen kein Ansehen der Person gibt. Als die erste Christengemeinde in Jerusalem sehr groß geworden war, klappte es mit der regelmäßigen Versorgung der Armen und Witwen nicht mehr. Die griechischen Gemeindeglieder wurden weniger gut betreut als die jüdischen. Das schaffte Unzufriedenheit in der Gemeinde. Sofort unternahmen die Apostel Schritte, um diesen Mißstand zu beheben.

Die Gemeinde sollte sich, was das Geld betrifft, auch ein gewisses Programm zurechtlegen. Sie wird zwar nicht einen Voranschlag machen können, wie das bei Geschäften üblich ist, aber eine gesunde Planung ist unbedingt zu empfehlen. Es schadet auch gar nichts, wenn man immer wieder feststellen muß, daß man Tag um Tag, Jahr um Jahr von der Treue Gottes abhängig ist, weil man ja nicht auf im voraus festliegende Einnahmen zählen kann.

Nach Jahresschluß hat der Kassenführer eine saubere Jahresrechnung zu erstellen, die von gewählten Prüfern kontrolliert werden muß. Die Jahresrechnung soll dann der Gemeinde vorgelegt und erklärt werden, damit Fragen und Anträge gestellt werden können. Jeder ehrliche, nüchterne Kassenführer wird solch ein Vorgehen begrüßen.

Die Gemeinde muß klare Auskunft erhalten, wieviel Geld eingegangen ist und wozu es verwendet wurde.

Wieviel die einzelnen Mitglieder und Freunde beigetragen haben, darf nicht veröffentlicht werden. Nur der Kassenführer und die Seelsorger der Gemeinde sollen darüber Bescheid wissen. Für die Seelsorger ist dies wichtig, damit sie auf der einen Seite einmal einem treuen Geber leise die Hand drücken und ihm danken, auf der anderen Seite aber auch ein geiziges Gemeindeglied ermahnen können, wenn es in Gefahr gerät, wegen seiner Geldliebe ewig verloren zu gehen.

Wenn in einer Gemeinde die finanziellen Angelegenheiten offen und gesund behandelt werden und die Kassenführung in treuen Händen liegt, ist das ein großer Segen, und es trägt, obwohl es eine ganz irdische Sache zu sein scheint, viel zum Wachstum der Gemeinde bei.

Es ist aber verhängnisvoll, wenn die Gemeinde ihre Geldgeschäfte nur in die Hände einiger allzu tüchtiger Geschäftsleute legt, die zwar wissen, wie man in der Welt mit Geld umgeht, die aber allzuleicht geneigt sind, ungeistliche Methoden auch im Bereich der Gemeinde anzuwenden. Wohl der Gemeinde, die Brüder und Schwestern hat, die nicht nur geschäftlich auf der Höhe sind, sondern zugleich auch ein Herz voll brennender Liebe für die Sache des Herrn und ein reifes, geistliches Urteil besitzen. Diese Gemeindeglieder haben eine wichtige Aufgabe zu erfüllen, und Gott wird ihren Einsatz reichlich segnen, denn er dient zur Verherrlichung seines Namens genauso wie der Einsatz des Predigers auf der Kanzel.

„Alles, was ihr tut mit Worten oder mit Werken, das tut alles in dem Namen des Herrn Jesus und dankt Gott und dem Vater durch ihn" (Kol. 3,17).

Ein außergewöhnliches Buch:

C. S. Lewis

Pardon – ich bin Christ

Meine Argumente für den Glauben
176 Seiten, ABCteam-Paperback 131

Sind Sie zufälligerweise einer von den schon fast perfekten Christen? Dann sollten Sie sich die Lektüre dieses Buches sparen. „Denn“ – so meint der Verfasser C. S. Lewis – „nichts von dem, was ich hier zu sagen habe, betrifft diesen Leserkreis.“ Er wendet sich vielmehr an die „gewöhnlichen Erdenbürger“, an den interessierten Leser, der nach Antworten sucht. Nach sehr unkonventionellen Antworten auf sehr unkonventionelle Fragen. Unabhängig von theologischen Lehrmeinungen, will er z. B. wissen, „warum Gott, wenn er uns doch ohnehin die Strafe erlassen wollte, es nicht einfach tat? Wie kam er dazu, einen unschuldigen Menschen an unserer Stelle zu bestrafen?“ oder woran es liegt, daß „nicht alle Christen erkennbar netter als alle Nicht-Christen“ sind.

Obwohl man den Cambridge-Professor C. S. Lewis zweifellos zu den bedeutendsten Religionsphilosophen unserer Zeit rechnen muß, bietet er seinen Lesern alles andere als eine trocken-lehrhafte theologische Diskussion. Äußerst temperamentvoll, originell, aber für jeden verständlich, durchdenkt er die gestellten Fragen. Dabei stellt er jeden seiner Gedankengänge ausführlich dar, so daß sich der Leser dieses Buches nicht mit meist unverständlichen Ergebnissen langwieriger Denkprozesse abzuplagen braucht . . .

„Das eine Kapitel durchlöcherte die Ritterrüstung, hinter der ich mich unbewußt 42 Jahre lang versteckt hatte“, bekennt Charles W. Colson, der ehemalige Sonderberater des amerikanischen Präsidenten Richard Nixon, von diesem Buch.